玩转互联网理财

——家庭财富配置与互联网理财指南

李文玲　编著

人民邮电出版社

北　京

图书在版编目（CIP）数据

玩转互联网理财：家庭财富配置与互联网理财指南 /
李文玲编著. -- 北京：人民邮电出版社，2016.3
ISBN 978-7-115-41702-2

Ⅰ. ①玩… Ⅱ. ①李… Ⅲ. ①互联网络－应用－私人
投资 Ⅳ. ①F830.59-39

中国版本图书馆CIP数据核字(2016)第021431号

内 容 提 要

银行排队人太多？担心电话委托炒股不靠谱？钱全部存银行吃利息？股票、基金、外汇、黄金，不知道投资什么？如果你还在担心这些问题，那说明你已经落伍啦！新时代要有新玩法，想在互联网时代做好家庭理财，现在就应该开始学习网上理财投资！

本书针对家庭理财与投资提供了由浅入深的指导，介绍了网上理财的准备工作，分析了网上银行的使用方法、各种类型的网络投资和新兴的互联网金融产品，并讲解了热门的手机理财的注意事项。阅读本书，可以让你掌握网上理财的基础知识，还能学到各类理财方式的开户、账户管理、网上交易等具体操作方法。

不论你是投资理财领域的新人，还是已经积累了一定经验的老手，都可以在本书的帮助下实现轻松理财、快乐投资，为家庭创造更美好的明天！

◆编　　著　李文玲
　责任编辑　庞卫军
　责任印制　焦志炜

◆人民邮电出版社出版发行　　　北京市丰台区成寿寺路 11 号
　邮编 100164　电子邮件 315@ptpress.com.cn
　网址 http://www.ptpress.com.cn
　固安县铭成印刷有限公司印刷

◆开本：700×1000　1/16
　印张：13.5　　　　　　　　　　2016 年 3 月第 1 版
　字数：130 千字　　　　　　　　2016 年 3 月河北第 1 次印刷

定　价：39.00 元

读者服务热线：(010)81055656　印装质量热线：(010)81055316
反盗版热线：(010)81055315
广告经营许可证：京崇工商广字第 0021 号

前 言

　　随着社会经济的发展，人们的收入水平有了明显提升。大家都在追求财富，但是很多人却不知道如何科学理财，一般都是按照最简单、最普遍的做法，将钱存在银行。所以，存款储蓄在很长一段时间内都被认为是资产保值增值的最好方式，既安全又省心。但是如果进入"负利率时代"，普通老百姓尤其是热衷于储蓄的人就应当考虑其他的理财方式。

　　随着技术和经济的不断发展，新的投资方式和理财产品层出不穷，让人眼花缭乱，尤其是对于理财领域的新手来说，很难搞清应该从何处入手。针对这一问题，作者结合目前较受欢迎的各种理财或投资方式，系统地介绍了如何在互联网时代进行科学理财。

　　本书共分为 9 章。

　　第 1 章介绍了理财前的准备工作。万事开头难，尤其在涉及家庭资产时，做好准备工作就显得尤为重要。机会都是留给有准备的人的，做好前期准备工作，后期理财才能轻松又快乐。

　　第 2 章讲解了如何使用网上银行。网上理财会涉及资金转移。拥有网上银行后，我们随时随地都可以进行账户管理、资金投入转出操作，足不出户就能轻松理财。

　　第 3 章讲解了如何使用第三方支付。第三方支付平台在网上交易过程中必不可少，它起到了一个监管的作用，让网上交易多了一层保障，让我们多了一分安心。

　　第 4 章讲解了如何进行网上炒股。炒股是常见的一种理财方式，很多人在拥有一定的资金之后，就会对炒股跃跃欲试。通过学习本章内容，读者可以了解炒股的操作步骤和注意事项，轻松掌握炒股技能。

第 5 章讲解了如何购买网上基金。基金投资相较于炒股而言要稳妥一些，风险相对较小，本章介绍了基金的基础知识和购买基金的详细流程。

第 6 章分析了保险的作用，让读者从理财的角度重新认识保险。通过合法途径购买保险，不仅是一种保值增值的理财方式，还可以让个人在利益被损害的时候获得一定的补偿。

第 7 章讲解了如何进行网上外汇和贵金属投资。如今人们的理财范围已经随着网络的普及逐渐全球化，网上外汇交易为百姓理财增加了一个新选择；而贵金属往往保值性较高，如果操作得当，贵金属投资无论是安全性还是收益都是比较让人放心的。

第 8 章介绍了当下流行的几种互联网理财产品。传统的理财产品市场已经逐渐被互联网理财产品所占领，越来越多的人将目光放在互联网理财产品上。所以，了解并熟悉互联网理财产品非常重要。

第 9 章讲解了如何进行手机理财。手机已经成为人们形影不离的一个"贴身小秘书"，掌握手机理财的方法，可以使理财变得更加便捷、简单、自由。

为了让更多人学会并掌握理财知识，本书使用通俗易懂的语言来阐述专业深奥的理财知识，即使你是理财领域的新手，也能轻易理解。另外，由于网上理财的操作步骤比较烦琐，本书结合图片，将每个步骤都清晰地展现了出来。

网上理财和投资不可避免地存在一定的风险，而且每个人的性格、拥有的财产和对理财的要求不同，所以要根据自身情况选择不同的投资方式。比如，富有冒险精神的投资者可以将大部分资产投资在股票上，略为谨慎的投资者可以分散一部分资产在债券上。经济学家也告诉人们，投资的时候"不要把所有的鸡蛋放在同一个篮子里"。比如，为了达到风险分散的目的，我们可以多选择几种投资方式，或者炒股时选择几种不同风格的股票，保持价值型股票和成长型股票的比例平衡。

另外，由于网上投资具有远程操作、虚拟、不能面对面等特点，读者在操作时一定要选择那些信用好、安全等级高、有一定保障的平台和工具，在操作前要认真阅读各种理财说明和约定，弄清后再操作，以免给自己的理财带来风险。本书所介绍的内容仅供读者学习参考。

希望本书可以让广大读者对网上理财和投资的方式有更清楚的认识，从而根据自己的具体情况选择合适的理财方式，为自己和家庭赚取丰厚的回报。

目 录

第 3 章

第三方支付——网上理财更加便捷

第 4 章

网上炒股——打开互联网理财之门

第1章

做好准备，从零开始学网上理财

　　随着我国股票、债券市场的扩容，商业银行、零售业务的日趋丰富和市民总体收入的逐年上升，"理财"这一概念逐渐走俏。每个人都想通过理财来增加自己的收益，可对很多人来说，这是一个陌生的领域，知识性、专业性比较强。很多老百姓手里握着大笔现金，但他们除了把钱存银行外，不知道如何投资理财才能守住财富并使财富增值。

　　互联网的普及，让人们有了更为方便快捷的投资理财渠道。但是，在开始网上投资和理财之前，我们首先要有足够的网络知识和投资理财知识，对自己的风险承受能力也要有一个清楚的认识。因为不管选择哪种途径，风险都是不可避免的，所以我们一定要事先做好准备，将风险降到最低，这样才能更好地获取网上理财带来的收益。

1.1　了解网络，网上理财的第一步

　　随着互联网科技的不断发展，人们理财的方式也悄然发生着变化，网络理财的出现给人们提供了一个全新的平台和更好的选择。网络理财是指投资者通过互联网了解商家所提供的理财信息和金融资讯，依据投资者对自身的判断以及外界条件的变化，不断调整自己剩余资产的存在形态，实现投资者资产收益最大化的一系列活动。

　　网络投资方式主要就两种：第一种是了解网络上给出的信息，从中整理

出对自己有用的那一部分，从而选择适合自己的方法来理财；第二种是进行有关的金融产品以及金融衍生品和服务的交易，主要包括以下六种。

种类	名称
1	网上股票资本凭证理财
2	网上计算存贷款利息
3	网上投资保险
4	网上自助缴费
5	网上自助转存
6	网上自助汇款

随着时代的发展，网络理财也发生着不同程度的演变，除了以上介绍的这六种，还演变出其他不同的品种，如网上自助贷款、网上账户挂失、网上理财咨询等。随着金融服务业的不断完善，网络理财逐渐被人们所熟知与接纳，不仅为投资者带来了便利，同时也为银行以及债券商节省了人力和物力，可以说给双方带来了"双赢"的局面。

网络理财是现代人必备的一项基本技能。网络理财不但可以让我们的财产保值，还能给我们带来额外的收益。对于普通投资者而言，网络理财时一般需要注意以下几个事项。

1. 选择投资领域

金融投资的领域十分广泛，这就需要我们利用网络掌握更多的投资信息。现在，利用互联网获得自己需要的资讯是非常容易的事情，你可以从整体的角度来分析经济发展趋势，加强对政策的了解，做好对未来市场的判断，选择自己熟悉和精通的投资领域。

2. 选择理财工具

理财的工具是多种多样的。除了传统的股票、存款等，期货和黄金等投资理财方式也在慢慢普及。对于投资者来说，正确地选择理财工具是很重要的，工具的安全问题、收益问题都是需要注意的。普通投资者应该尽量选择收益平稳而且操作简便的理财工具。

3. 分析市场行情

投资者可以依据相关技术，对市场未来的发展方向进行分析。同时，我们也可以通过互联网收集实时的报价情况和历史数据，以更准确地做出投资决策。当然，这种靠技术来分析的方式也存在一定的局限，不一定能够得到正确的预判，这就需要投资者做好经验积累和知识储备。

4. 进行投资研究

相较于技术层面，基础层面更强调从资产的价格因素出发，能预测未来价格波动的趋势。投资者可以在互联网上找到大量有关价格因素分析的信息。

5. 核实投资对象

用户可以通过那些专业的分析站点获取自己关注的投资对象的信息，也可以直接在网上搜索。由于互联网是一个开放的场所，所以不排除有人自造和传播虚假信息，这就要求投资者有一定的互联网信息辨识能力。

6. 发出交易指令

现在许多国内外大型的互联网网站都提供网络金融交易平台。有一些只是做一种产品的网络平台，比如网银、网上证券还有保险等一些专有项目；有的则是提供综合性的金融服务，投资者需要进入该网站的金融超市，自由选择要投资的产品和理财工具。

7. 小心监控交易

投资者在交易完成后，可以利用网络了解最新的资讯，查看市场变动，及时改善自己的投资计划。根据投资者的需求，许多网站提供了全方位的投资信息服务，给予投资者不同种类的投资建议与帮助。

1.2 手机上网，随时随地进行理财

互联网的优势主要体现在信息量大、内容广泛、传播速度快。投资者可以从网上收集和掌握各种不同的财经信息，足不出户就可以了解到全国乃至全世界的财经情况，方便快捷。而且各类金融网站所提供的信息没有数量限制，能提供几乎所有投资者想要的数据资料。网络证券交易所提供的行情更新时间一般为 8~10 秒，速度十分之快。在证券交易的过程中最重要的就是信息的及时性，如果信息有所延误，很有可能影响交易的进行，甚至给自己带来损失。手机凭借其可随身携带、随时随地操作的优点，受到越来越多网络理财人士的喜爱（图 1-1）。

图 1-1　手机上网理财

相对于传统的理财方式，网上理财还具有成本优势。网络理财首先节省了服务供应商设立大量经营网点的费用，利用网络也大幅节省了通信的费用；另外，网络理财还可以整理数据等大量资源，有效地优化了理财工作的流程。相关数据表明，一般情况下新的营业部会在初期投入大量的金钱，平时一个月的开销也很大，而发展网络理财模式将会大大减少开支，初期投资仅为原来的 1/3~1/2，日常的维持费用更是只有原来的 1/5~1/4。成本降低了，理财公司要求用户缴纳的费用就会变少，最终受益的还是投资者。

传统的理财方式门槛高，需要一定数额的起步资金，一般人很少拥有那么多的闲置资金。而网络理财的出现，让理财步入了一个新的阶段。

网上理财的覆盖范围也很广泛，不会受办公地点等的制约，在世界上任何一个地方都可以进行交易，方便而且自由，你所在的地区只要能连接互联网，你就可以享受完美的服务。在时间方面，相较于传统的理财方式，网络理财可以提供全天 24 小时不间断的营业服务，极大地满足了投资者的需求。

网上理财还有一个优点是可以"量身打造"，让投资者拥有专属于自己的服务，这要比之前古板的方式和规则好得多。投资者可以根据自身的条件和特殊喜好等制定属于自己的业务，这对于普通投资者来说是从来都没有享受过的体验。

在网络理财出现之前，一般的投资者要从技术层面分析投资的产品相当困难，需要消耗大量的时间和精力去收集信息资料，并且花费时间去分析市场行情、研究投资工具、做出投资决策等。互联网的出现大大地改善了这种局面，投资者可以借助网络搜索和收集各种资料，了解各种权威的研究报告，收集理财攻略和高手心得，还可以利用网络工具进行辅助分析，节约了时间和金钱，提高了效率，减少了投资的盲目性和风险性。

1.3　理财软件，网上理财的必备工具

理财前，投资者需要充分地了解自己的财务情况，此时就会用到理财软件。个人理财软件是帮助投资者进行理财的应用程序，常见的个人理财软件主要有收支记账、预算、统计分析等功能，可以帮助投资者更好地管理个人财务。理财软件一般有 PC 端和手机用户端两类，下面介绍一下常用的四种手机理财软件。

1. 随手记
与其他软件相比，随手记较为方便快捷，用户可以随心所欲地使用该软件记录日常生活中的开支，各式各样的账目都可以轻松搞定，不管是吃饭、请客，还是旅游、娱乐，都可以一目了然。用户可以通过数据分析决定是缩减开销，还是改变自己花钱的重点方向，或是增加投资的种类，进而根据报表制订合理的理财计划（图 1-2）。

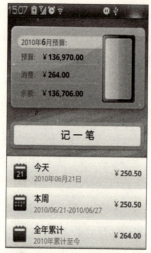

图 1-2　随手记

2.51 信用卡管家

　　随着时代的发展和人们消费观念的进步，越来越多的人开始用信用卡进行消费，正确合理地对这些信用卡进行管理是非常重要的一件事。你可能总是忘记该什么时候去还款，也可能总是刷爆卡。有了 51 信用卡管家，就可以让你不再忘记还款日期，不再忘记信用卡的数量，也不再忘记消费额度。使用 51 信用卡管家，可以绑定自己的电子邮箱，方便自己查询账目、轻松理财（图 1-3）。

图 1-3　51 信用卡管家

3. 投资脉搏

这款软件十分适合喜欢投资的消费者，特别是喜欢炒股的消费者使用。它可以帮助消费者选择合适的股票，同时还可以在线观看经验丰富的投资者的股票动态。投资脉搏还是一个新兴的股票财经社区，用户可以在上面和其他股民交流经验、解读政策，还可以共同关注市场热点信息，讨论大盘板块的不同走势（图1-4）。

图 1-4　投资脉搏

4. 拉卡拉手机用户端

利用这款手机软件，消费者可以随时随地实现信用卡还款业务，还可以对银行卡进行管理，并支持转账等日常的网银业务，对于使用者来说非常方便（图1-5）。

图 1-5   拉卡拉手机用户端

无论你是刚刚接触理财的新手，还是经验丰富的理财专家，这几种软件都是可以选择的。有了这些理财软件，理财自然可以做到随时、随地、随心。

1.4 进行个人资产评估

如果想要网上理财，就一定需要对自己的"本钱"——个人资产进行清楚的评估。依据评估准则的不同，可以将资产评估分为完全评估和限制评估；依据评估对象的不同，可以将资产评估分为单一资产的评估和整体评估。

资产评估的功能不言而喻，它是我们鉴定自己"本钱"多少，以及决定参与哪种理财活动的重要依据。在刚开始学习理财的时候，用户需要了解资产评估的四个特性。

资产评估的四个特性	
1	市场性
2	公正性
3	专业性
4	咨询性

　　如果想要进行准确的资产评估，可以咨询专业的资产评估人员，他们具有中国资产评估协会颁发的相关证书，是经过相关培训的专业人士。对于价值类型不同的"资产"，专业的评估部门和人员能够给出较为准确的评估，为我们进行投资理财打下坚实的基础。资产评估的理论与方法如图1-6所示。

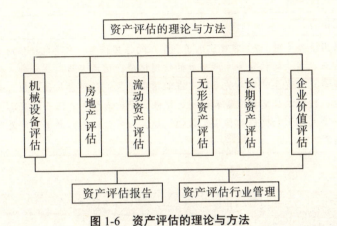

图1-6　资产评估的理论与方法

　　通过资产评估，我们可以知道自己到底有多少资产，以及这些资产是如何分配的。清楚地了解了自己的资产情况，然后再去进行理财，才会做到"手里有粮，心里不慌"。

1.5 进行个人风险评估

　　很多人之所以不敢网络理财，就是因为害怕即将面临的风险和未来的不确定性。其实，在任何情况下风险都是不可避免的，只是遇见风险的概率和风险的大小是不同的。面对风险，畏惧并不是办法，我们需要做的是正视它、规避它。

　　其实，理财中的风险是可以评估出来的。个人风险评估因素通常包括个人的身体情况、年龄、性别、学历、职务、工作性质、收入水平以及信用记录和个人未来的发展前景等；家庭风险评估因素一般包括家庭成员的基本情况、成员的收入情况和债务偿还的基本能力等。

　　进行个人风险评估的时候，需要参照的数据来源于个人信用报告、个人信用评分和个人信用档案。我们在参与网络理财之前，应注意这些参考数据对应的内容，提高自己的信用度。

1. 个人信用报告

　　个人信用报告（图1-7）客观记录了一个人的信用信息，主要包括信用者与金融机构曾经或者正在发生的信贷关系所形成的信用记录；信用者与商业金融机构或者事业单位曾经或者正在发生的交易关系所形成的信用记录；信用者与住房基金会之间形成的合约记录；按照法律需要缴费和纳税的记录，受到表扬或者正面的表彰也都会有记录；还有一些可能影响到你的信用记录的问题，如行政处罚、刑事责任处罚及个人民事赔偿问题等。

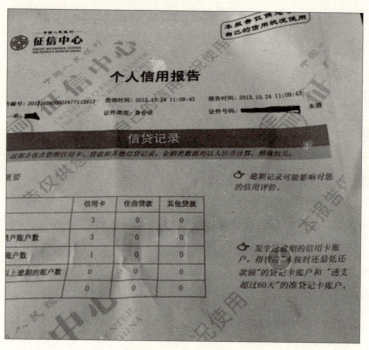

图 1-7　个人信用报告

2. 个人信用评分

个人信用评分（图 1-8）是信用中介机构利用数学原理，使用数学模型，按照个人的一些信用记录和报告内容，对个人信用度进行相应的计算和评估，形成一个人在信用方面的风险指数。个人信用评分的分数越高，其信用度也就越高。

一年内查询次数	0	1	2	3	4	5~9
	3 分	11 分	3 分	−7 分	−7 分	−20 分
信用档案年限	<0.5	1~2	3~5	6~7	>7	
	0 分	5 分	15 分	30 分	40 分	
循环信用透支账户个数	0	1~2	3~5	>5		
	5 分	12 分	8 分	−4 分		
信用额度利用率	0~15%	16%~30%	31%~40%	41%~50%	>50%	
	15	5	−3	−10	−18	

图 1-8 个人信用评分

3. 个人信用档案

个人信用档案可以说是一个人的第二张身份证，在一些发达国家和地区，凡是参加信用交易活动的经济主体都必须有一份相应的信用档案。一般来说，个人信用档案主要包括个人基本信息、曾经的交易信用问题、个人账户信用信息以及其他一些比较特殊的记录等。

由于需要保护个人隐私，在没有得到个人授权时是无法看到任何信用情况的，银行只有在办理贷款和信用卡等业务的时候，才能查阅到市民个人的信用报告。如果你想查询自己的信用记录，一般有两个方法：一是向银行申请信用卡或者是贷款；二是可以向中国人民银行各地分行申请查询。

1.6 学习基础理财知识

个人理财就是在对自己的收入、财产等数据进行整理和分析的基础上，按照自己对风险的承受能力，同时结合想要达到的目标，选择合理的理财工具和投资理财方式。理财是每个人都需要学习的知识，它并不是简单地将钱放在银行存起来。要理财，就一定要有计划和目标，只有对自己的资金状况有所了解，明白自己真的需要什么，才能做个理财达人。现实意义上的理财，不只是简单的存款和投资，还包括财富的积累、财富的保护和对财富的合理安排。其中，财富的保护就是对风险的控制和管理。当一个人或是一个家庭的经济出现问题的时候，利用良好的理财手段可以帮自己或家庭挽回一些损失，尽量降低财产风险。理财的重点便是要合理地安排使用自己的资金，让最少的资金发挥最多的用途。

　　理财之前，首先要确定好自己的理财目标，具体如图1-9所示。

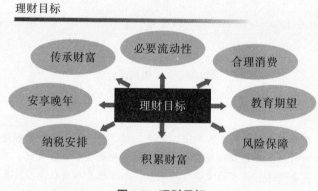

图1-9　理财目标

　　任何一种理财方式都会伴随着风险的存在，并且不同的理财方式所面临的风险大小也是不一样的，我们要根据自己资金的实际情况来选择合适的理财方式。同时，还应该根据自己家庭的因素选择理财方式，因为每个家庭所能承担的风险的系数也是不一样的，所有风险都需要全面考虑。

　　制订个人理财计划时，还需要注意以下几个事项。

1. 要确立自己的目标

　　明确自己的短期财务目标和长期财务目标，然后将这些目标合理地分割成几个小目标。

2. 排出目标的次序

和自己的家庭商量讨论出这些目标的排列次序，结合自己家庭的情况，选择出最重要的目标。

3. 计算理财计划需要的金额

先计算出个人净资产，然后理清自己每个月的支出情况，列出一个详细的费用清单。

4. 坚持储蓄

计算出每个月需要储蓄的金额，同时要学会理性消费，控制透支，尽量避免一些不必要的开支。

5. 未雨绸缪

学会投资生财，同时也要学会未雨绸缪。

1.7 网络理财计算器帮你轻松理财

现在各大运营商相继推出了各种理财软件，这些软件适用于放贷类理财和银行类理财。同时，人们利用这些软件还可以计算出最适合自己的还贷方式，做好购房预算评估等。这些软件页面设计简洁大方，易于操作，可以让使用者随时随地都享受到轻松理财的乐趣。网络理财计算器就是很受人们欢迎的一种理财软件。

网络理财计算器涵盖的种类通常包括股票、保险、期货还有存贷款等。用户可以通过网络理财计算器对日常的收支问题进行查询，在线预览详细的电子报表，了解自己钱财的使用情况，知道主要的消费项目是什么等。通过在线的理财管理，还能对基金账户进行日常的操作，在线增加基金投资或是转出账户金额，并且这些在线的操作都会有一个详细的记录，用户可以查看自己的操作记录，还可以计算出基金购买的份额和收益，方便管理自己的财务（图 1-10、图 1-11、图 1-12）。

图 1-10　活期储蓄计算器

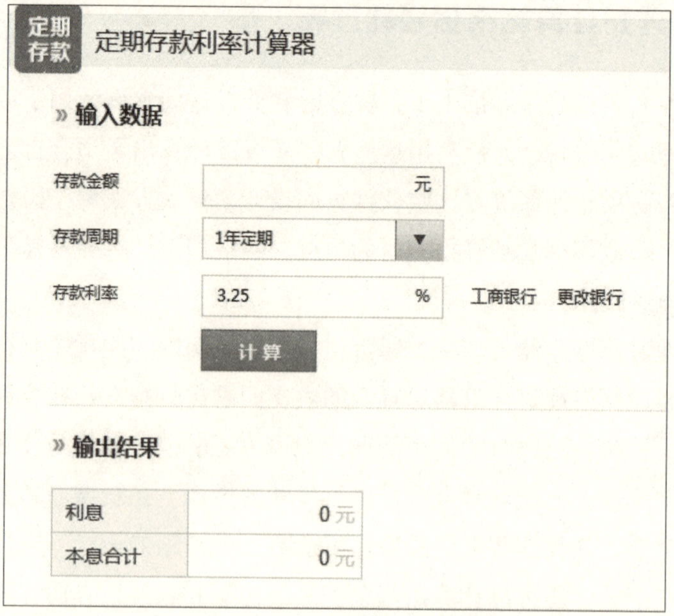

图 1-11　定期存款利率计算器

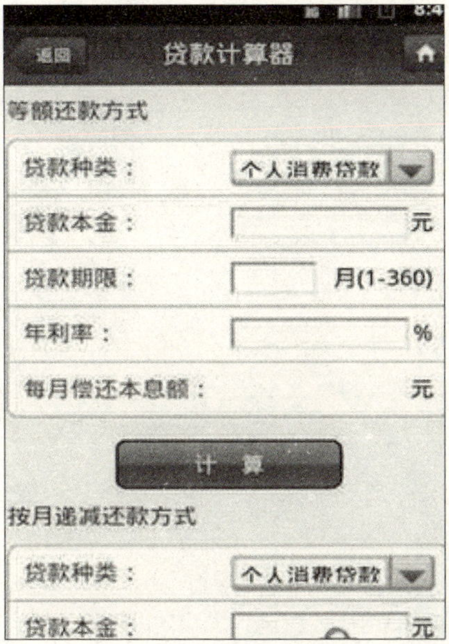

图 1-12　贷款计算器

　　现在很多理财计算器都已经发布了手机版本，用户可以通过下载相应 APP，随时随地进行网络理财。

1.8 网上理财的安全防护手段

　　有一段时间，网上出现了一种叫作"网银间谍"的病毒软件，利用这种病毒软件，不法分子能够盗取网民的密码和账号，对网民的财产进行转移。专家称，利用个人网银的防木马程序功能，就可以有效地防范这种病毒。其使用方法是：用户准备登录网上银行的时候，页面会跳出一个是否安装防木马控件的窗口，用户确认之后，即可安装防木马控件，使得浏览器具有一定的防木马能力。然后就是使用证书"U 盾"（图 1-13），这是一种安全级别较高的个人网银工具，使用"U 盾"后，用户就可以在网上进行外汇、基金、国债等投资理财操作了。

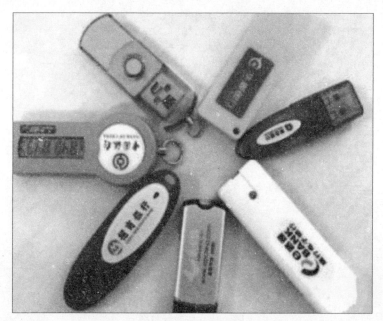

图 1-13　U 盾

　　网络病毒是伴随着互联网的普及而出现的，虽然病毒的功能、破坏性、感染途径都不一样，但是其目的都是一样的——窥探用户的隐私，盗取用户的密码，这对于用户的财产安全来说是十分危险的。这些病毒会在进入用户的电脑之后广泛地扩散传播，找到用户的信息并进行盗用。在用户使用了网银护盾之后，病毒在试图盗取用户相关信息的时候就会被阻止，只有攻破了网银护盾才有可能进入用户的银行账户。而依靠目前的技术手段，这些网络病毒还没有足够的能力攻破网银护盾这一层保护墙。不过用户也不可大意，在使用 U 盾的同时，还是要加强自己的安全防范意识，养成良好的网银使用习惯。

　　网络理财的安全防护措施也体现在密码上。现在的银行密码通常有三个，一个是交易密码，一个是查询密码，还有一个是网上银行的登录密码。这三个密码起到的作用是不一样的：查询密码是用户用来查询自己的账户信息所需要的密码，登录密码则是用户登录网上银行所需要的密码，交易密码就是用户在 ATM 上转账、取款以及在网银上转账等所需要的密码。很多用户为了方便记忆，所有的密码都设置成同一个，实际上这也给不法分子以可乘之机，给用户的网上银行带来了安全隐患。

现在许多银行为了保护用户的网上账户的安全，都会设置金额限制。对额度进行控制，可以使风险可控性更强。同时，银行还会提供短信通知服务，让用户可以及时地了解到自己的账户变化信息。用户在使用网上银行的时候，要提高警惕，及时关注自己的账户变化，这样可以在很大程度上避免财产损失。

另外，在网络理财的时候，不要盲目相信高收益低风险的投资手段，往往出乎寻常的"高收益"下面就是一个深深的陷阱。我们在网络理财的过程中最主要的还是要把握好自己的心态，获得收益是我们理财的目的，但是决不能不择手段去达到这个目的。在网络理财的时候，注意不要去不规范的网站，不要冲动地去买高额理财产品，不要只看收益不看风险。理智、谨慎的心理，才是我们最坚固的安全防线。

第 2 章

网上银行——足不出户轻松理财

理财也可以"偷懒",足不出户就能轻松理财的想法在如今已经成为现实。依靠网络,无论是取款、转账、缴费,还是购买基金、保险、股票,敲下键盘都可以轻松搞定。

2.1 方便快捷的网上银行

网上银行是一种虚拟银行,是将线下的服务或者需要去银行站点操作的服务移到了网络平台上,跟实体银行功能差不多。但是由于网络信息安全的限制,网上银行的业务功能也会有所限制。

网上银行最主要、最吸引人的两个功能是个人理财和网上购物。个人理财功能可以为用户省去被人强制推销的困扰,让用户在充分了解各种理财产品后自愿决定是否购买(图 2-1)。同时,网上个人理财产品涉及金额都不会太大,从某种程度上降低了理财的风险。其次就是网上购物,网上购物是目前网上银行交易量最大、使用人数最多的一项功能。随着电子商务的快速发展,利用网络购物的消费者越来越多,这使得网购业务迅速成长起来。

图 2-1   网上金融超市

网上银行的优点是显而易见的。首先，网上银行相对于实体银行而言，突破了时间以及地域的限制，能在任何时间、任何地点以用户想要的形式提供金融服务；其次，银行可以利用网上的各种资源，一方面提供更加细致、完善的服务，另一方面又能省去人工、网点等相关费用，节约了银行的经营成本；最后，网上银行在服务创新方面与传统网点相比有很大的发挥空间，可以推出各种适合网上交易的理财产品，也能为每个用户制定专属的个性化金融服务，为银行业提供了一个新的发展突破点。

2.2 各大网银各有千秋

网银主要包括两大类：第一类就是各大银行通过网络提供的金融服务；第二类就是纯粹的电子银行，一系列运作都依赖于网络，比如支付宝、财付通等。

春节期间无比火爆的"抢红包"活动大大提升了支付宝的知名度，让很多人知道，原来网银也可以这样用。实际上，在网银世界里，支付宝只是其中的一家而已，那么还有哪些网银是我们可以使用的呢？

下面介绍几种常用的网银工具，用户在选择前要认真阅读相关说明和约定，弄清楚后再使用，以免给自己的理财带来风险。

支付宝

支付宝是国内领先的第三方支付平台，致力于提供"简单、安全、快速"的支付解决方案。支付宝从 2004 年建立开始，始终以"信任"作为产品和服务的核心，旗下有"支付宝"与"支付宝钱包"两个独立品牌。自 2014 年第二季度开始，支付宝成为当前全球最大的移动支付厂商。

支付宝主要提供支付及理财服务，包括网购担保交易、网络支付、转账、信用卡还款、手机充值、水电煤缴费、个人理财等多个领域。在进入移动支付领域后，为零售百货、电影院线、连锁商超和出租车等多个行业提供服务，还推出了余额宝等理财服务（图 2-2）。

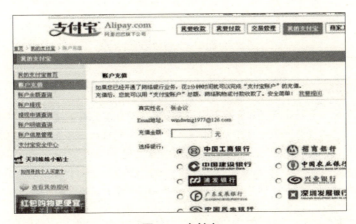

图 2-2　支付宝

财付通

财付通是腾讯公司于 2005 年 9 月正式推出专业在线支付平台，其核心业务是帮助在互联网上进行交易的双方完成支付和收款，致力于为互联网用户和企业提供安全、便捷、专业的在线支付服务。

个人用户注册财付通后，即可在拍拍网及其他购物网站轻松进行购物。财付通支持全国各大银行的网银支付，用户也可以先充值到财付通，享受更加便捷的财付通余额支付体验。

财付通与拍拍网、腾讯 QQ 有着很好的融合，按交易额来算，财付通在国内网银市场排名第二，份额为 20%，仅次于支付宝（图 2-3）。

图 2-3　财付通

钱大掌柜

　　与支付宝或者财付通不同，钱大掌柜是以财富管理取胜的。钱大掌柜的老东家为兴业银行，它以银行内的理财产品、贵金属交易以及银证转账等业务为依托，在进行综合整理之后，面向市场上几乎所有银行进行财富交易管理。

　　同时，它也为个人用户提供个性化理财方案。钱大掌柜是一个开放式的交易平台，为各个银行提供了销售理财产品的途径。随着用户群体的不断扩大，钱大掌柜获得了长足的发展（图 2-4）。

图 2-4　钱大掌柜

MB（MoneyBookers）

　　可能 MB 在国内的知名度不高，但是相信有过外贸交易或者在国外待过的人都会知道它。MB 是世界上第一家被官方所承认的网上电子银行，用户只要有 E-mail 地址就可以注册，无须信用卡。

　　MB 的最大好处是不用申请美元支票，多个国际中介公司提供兑换人民币的业务，另外也可以直接把美元、欧元转账到你国内的外币存折或卡上。同时，它还省却了必须用信用卡来激活的麻烦，用户直接凭借电子邮件地址以及带照片的身份标识，如身份证、护照、驾照传真便可以完成认证。另外，没有付款手续费和低廉的收款手续费也是其优势（图 2-5）。

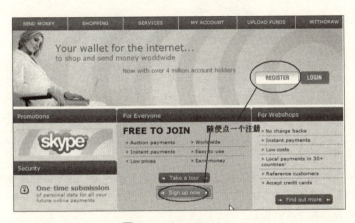

图 2-5　MoneyBookers

2.3 掌握网银的基本操作

　　对于理财这项生活技能，许多人可能都停留在了解各种理财知识的层面，认为"知识才是硬道理"。但是仅仅了解知识而不注重怎样去操作，无异于"纸上谈兵"。所以，想要使自己的财富不断增多，基础理财知识和基本操作都是我们的必修课。

　　下面，我们以中国银行为例，学习一下网络理财的操作步骤。

1. 开通网上银行业务

在办理了中国银行的银行卡之后，即可申请开通该银行卡的网上银行业务。需要注意的是，在办理银行卡和网上银行业务时，都应该随身携带身份证。柜台的银行工作人员在接受申请后，会让个人输入网上银行的用户名和登录密码，再交给用户一个"中银e令"（图2-6）。这个"中银e令"就是网银的电子密码牌，里面的密码数字是不断变化的，中国银行网络银行就是通过这种方式来识别用户。由于这些密码是随机的，每次使用时都是不一样的，所以用户只有拥有"中银e令"才能进行网上交易，这在一定程度上提高了网银的安全性。

图 2-6   中银 e 令

2. 登录网上银行账号

要登录个人网上银行，首先要找到网上银行的官方网站。以中国银行为例，先在浏览器中搜索中国银行网上银行，然后进入官网可以看到如图2-7所示的界面，将账号、密码输入进去，就可以登录了。

图 2-7   中国银行网上银行

3. 关联银行卡

　　通过网上银行，用户可以将多个银行卡、银行账户关联起来，只要是同一个人在同一个银行的账户，都可以去银行网点办理关联业务的申请，如果嫌麻烦，也可以自己在网上操作，实现账户关联。多个账户关联在一起可以使你的资金流动更顺畅，在有网络的情况下可以随时随地对账户里的资金进行转移和分配，免去了拿多个账号去银行排队办理业务的麻烦。

4. 查看交易记录

　　登录个人网上银行之后，点击页面左边的"交易明细"（图2-8）一栏，就可以看到账户里每一笔资金的流向、交易的对象和时间等。点击"账户概览"一栏，可以看到所有关联的银行卡类型，在这些信息的右边还有余额、明细等信息显示，点击进去就可以看到每张银行卡账户的余额、资金流动等。

图 2-8　中行网上银行交易明细

　　上述几个基本步骤，就是最基础的网上银行操作。熟练掌握这些操作，配合转账、购买理财产品等后续步骤，就可以轻松实现网络理财了。

2.4 学会管理你的网银账户

　　网上银行又称网络银行、在线银行，是指银行通过网络为客户提供开户、销户、查询、对账、行内转账、跨行转账、信贷、网上证券、投资理财等传统服务项目，使客户足不出户就能够安全便捷地管理活期和定期存款、支票、信用卡及个人投资等。可以说，网上银行就是网络上的虚拟银行柜台。

由于其特定的运营方式和网络环境，网上银行在带给人方便快捷的同时，也蕴藏着一定的风险。这些风险主要包括两类：一类是在网络银行使用过程中由信息系统带来的风险，比如应用软件设计缺陷、计算机病毒等，该类风险主要是因为网络银行必须依靠信息系统来完成一系列的操作，信息系统本身固有的风险会转嫁到网络银行应用上面；另一类为银行业务所固有的风险。因为网络银行的使用突破了时间和空间的局限，但同时也加剧了商业银行业务的固有风险，比如更加难以监控和管理等。所以，在管理自己的网银账户时要注意控制这两大类风险。

控制风险的方法也根据风险的不同而大有区别。针对使用过程中存在的风险，我们需要做好个人信息的严格保密，如绝对不向陌生人提供自己的个人信息、网银信息等；对于号称是银行客服的电话要有警惕的心理，不要轻易相信他们；使用网银时要格外小心，不要在网吧等公共场所使用。而针对银行业务固有的风险，首先我们在选择银行时要有自己的判断，优先选择使用风险控制较好的；其次，我们要明白"不要将所有的鸡蛋放在同一个篮子里"，应该学会分散风险，利用网银理财的同时仍可以选择其他的理财途径。

我们要想管理好自己的网络银行账户并实现资产的保值和增值，最重要的一点就是要弄清自己究竟有哪些需求，进而运用科学的管理方法合理安排自己的网络银行账户。

下面，我们看一下管理网银账户的几个主要事项。

银行转账

银行转账是开展一切网络交易的基础操作，用户可以把个人账户的资金转移到外汇、股票、基金、期货等账户中，通过自由买卖达到投资理财的目的（图2-9）。

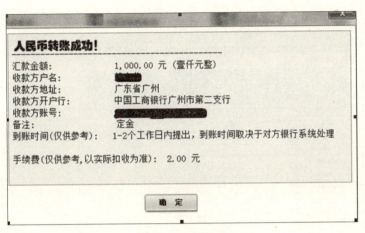

图 2-9　银行转账

投入货币基金

　　对于没有预定用途而又不得不沉淀下来的流动资金，用户可以通过支付宝等第三方机构将其投入到货币基金中，既可以当作一种投资，也能做到随用随取，不影响用户的日常生活（图 2-10）。

图 2-10　货币基金

信用卡管理

　　通过网络银行账户，我们还可以进行信用卡管理，随时关注信用卡账户的资金变动情况，做到及时还款，以达到充分利用资金的目的。随着近年来网银的不断推广，我们不但能利用网银账户代缴水电费，甚至可以代缴学费和住宿费等各项费用（图 2-11）。

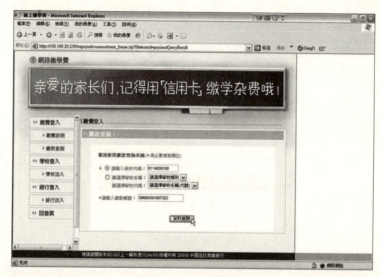

图 2-11　代缴费

最后需要提醒大家的是，在学会利用网络银行享受方便快捷的同时，一定要提高警惕，加强安全防范意识，时刻注意资金安全，以免给自身财产带来损失。

2.5 利用网上银行存款和转账

绝大多数传统银行已经在网络上推出了各自的网上银行网站，并提供了和银行网点相似的业务，使人们足不出户就可以享受到相应的服务。通过用网上银行，用户可以在国内转账，也可以使用国际汇款业务，在短短的时间里就可以完成和海外用户的交易；还可以拿网上银行里的钱去投资，在网上看到自己喜欢的项目可以直接买入。所以，在网上进行资产管理是大势所趋，如何利用网上银行存款、转账是大家都应该了解并熟练掌握的基本操作。

各大银行的网银在功能和操作方面都大同小异，下面就以农业银行的网上银行为例加以说明。

用户去银行办理银行卡并申请开通网银，就会拿到一张银行卡和一个 K

宝或者 U 盾，之后就可以直接插在电脑上开始使用。

（1）将 K 宝或者 U 盾插入电脑之后，就会开始自动安装驱动程序（图 2-12）。

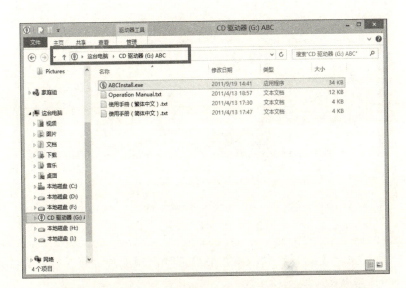

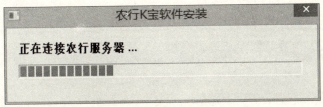

图 2-12　农行 K 宝安装

（2）驱动安装完之后，电脑会自动打开银行官网（图 2-13），用户选择个人账户登入，接着选择证书登入。如果是第一次登录，需要先下载驱动软件，之后再登录就不用重复安装了。电脑自动重新打开登入页面之后，输入个人的 K 宝密码。需要注意的是这里输入的是 K 宝密码，即 K 宝上面显示的数字密码，而不是银行卡密码，千万不要混淆。

图 2-13　中国农业银行页面

（3）在页面上选择转账汇款，然后选择网银账户互转，按照页面显示的提示一步步操作（图 2-14）。

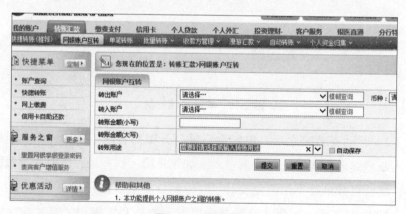

图 2-14　转账页面

网银的存款和普通银行卡的存款基本没有区别。用户去 ATM 或者是柜台存钱后，可以通过网银进行余额查询，随时随地查看自己账户的交易详情。

利用网银还可以冻结账户，这样用户即使丢失了银行卡也可以保障个人资金的安全。

需要注意的是，用户在使用网银时要提高自己的安全意识，提高警惕，不可以泄露自己的隐私信息，尤其是密码这样敏感的信息，不然辛苦理财得来的收获很可能付诸东流。

2.6 如何选择适合自己的理财产品

理财产品无所谓好坏，适合自己的就是最好的。如果用户对一个理财产品不是很了解或者根本就不喜欢这种理财方式，那么即使买入了这个理财产品，也不会对其上心，更不会花很多的时间和精力去经营，收益就无从谈起了。所以，即使在巨大的利益面前，用户也应该时刻牢记"量力而行"四个字。

在选择理财产品之前，投资者需要明确自己的财务状况、预期收入、亏损范围和风险承受能力。例如有些用户资金实力雄厚，本身又喜欢冒险，这种用户的风险承受能力就很强，适合选择高风险兼具高收益的理财产品；相反，那些资金不是很多且比较保守谨慎的用户，风险承受能力偏弱，就可以选择低风险类理财产品。

知己知彼才能百战百胜，了解理财产品对于用户而言相当重要。只有了解理财产品的各种属性和收益状况等信息，才能判断其与自己的需求是否相符，进而制定合理的投资目标。

选择理财产品的步骤一般如下。

（1）分清楚产品类型

理财可分为保证收益理财和非保证收益理财。所谓保证收益理财，是说最初的投入一定可以得到回报，风险相对较低；而非保证收益理财就没有前者那么稳妥，可能在后期没有收益或是出现资金亏损，当然较大的风险对应的是较高的收益率。对于新手来说，建议刚开始可以购买低风险的产品。等到对各类产品有了详细的了解后，就可以尝试着购买数额大、收益较高的理财产品了（图 2-15）。

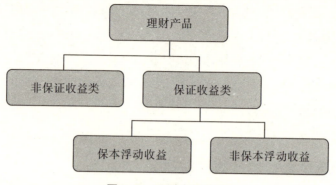

图 2-15　理财产品类型

（2）搞清楚投资对象

　　在不同的市场需要、国家政策以及资金走向下，不同的投资对象所带来的利润是不同的，所以投资者要对这些投资对象有详细的了解。例如在黄金价格不断上涨的时期，和黄金有关的理财产品可能收益就会很高；如果黄金价格下降时期还选择与黄金有关的理财产品的话，显然不是明智之举。简而言之，就是确保投资对象处于上升的走势。

（3）要有良好的判断力

　　在购买投资理财产品之前，要时刻关注市场经济的动向，要有自己的分析和判断，切记不能人云亦云、盲目跟风。除了培养良好的判断力之外，还需要认真查阅理财产品说明书，最大程度地了解你所购买的理财产品。同时还要仔细辨别你所关注的理财产品是否存在法律风险，避免日后产生不必要的纠纷。

2.7 在网上银行购买理财产品的步骤

　　随着互联网的快速发展和金融市场的逐步繁荣，现在很多银行在网上推出了各类理财产品。银行理财产品在安全性方面相对于一些金融公司来说优势很明显，因为银行发售的理财商品都是经过官方严格审核的，相对比较可靠，不会出现空壳诈骗公司。另外，用户对某理财产品的满意度也会影响到用户对该银行的满意度，一旦用户在某银行购买了不满意的理财产品，那么其对银行的好感也会大打折扣，这将导致一部分银行用户的流失。所以，银行为了稳定自己的用户群体，会对推出理财产品的公司进行筛选和审核，以尽可能更好地满足用户的需要。

下面，以中国建设银行网上银行为例，说明用户如何通过网银购买理财产品。

（1）登录中国建设银行网上银行（图 2-16）。

图 2-16　登录网上银行

（2）选择"投资理财"下方的"理财产品"菜单中的"理财产品首页"（图 2-17）。

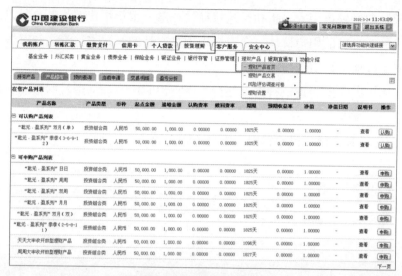

图 2-17　选择理财产品

（3）查看所需购买的理财产品，单击"认购"或"申购"（图2-18）。

图 2-18　购买理财产品

（4）选择网上银行签约账户，注意查看账户内余额（图2-19）。

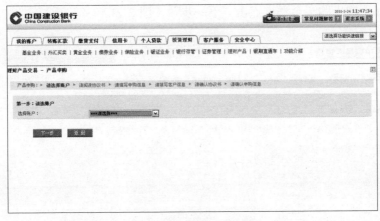

图 2-19　查看账户余额

（5）阅读协议书，确认后点击"同意该协议"（图 2-20）。

图 2-20　同意协议书

（6）输入购买金额，点击"下一步"（图 2-21）。

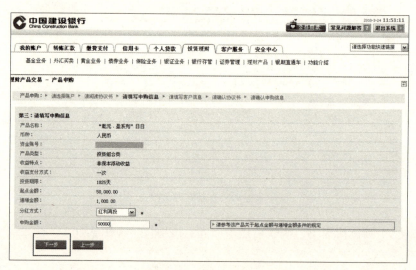

图 2-21　输入购买金额

（7）如果是首次购买理财产品，先进行风险评级（图 2-22）。

图 2-22　风险评级

（8）完成风险评估问卷（图 2-23）。

图 2-23　完成风险评估

（9）确认购买信息（图 2-24）。

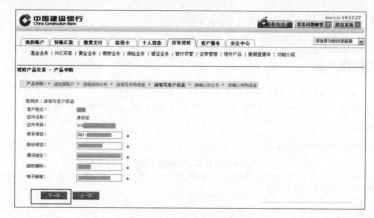

图 2-24　确认购买信息

（10）确认理财产品协议书（图 2-25）。

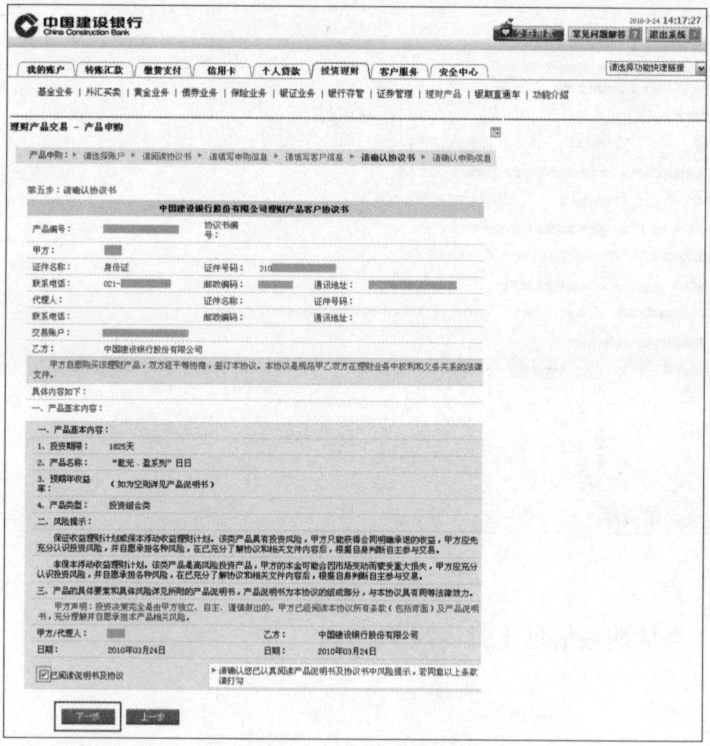

图 2-25　确认协议书

（11）确认理财产品购买信息（图 2-26）。

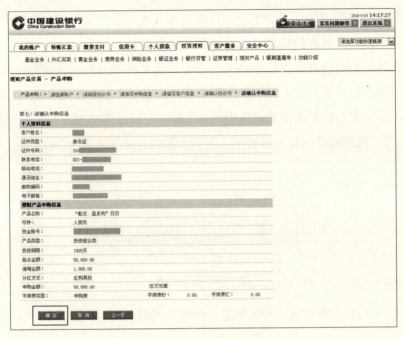

图 2-26　确认购买信息

（12）购买成功（图 2-27）。

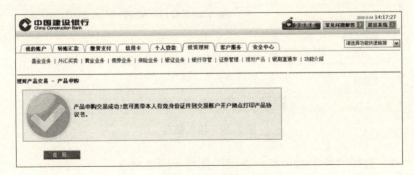

图 2-27　购买成功

2.8 在网上银行查看外汇

随着经济的发展，理财观念如今早已深入人心，很多人现在持有外汇，使用外汇进行交易和投资已经成为司空见惯的事了。

在银行柜台处查询账户中的外汇余额以及交易明细相对来说费时费力，而通过网上银行查询外汇，不但操作简单，其安全性和方便性也让人称道。

下面，我们以邮政储蓄银行为例，了解一下通过网银查看外汇的步骤。

（1）登录邮政储蓄银行官网，来到个人银行面页（图2-28）。

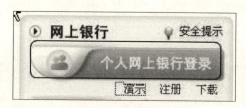

图 2-28　登录网银

（2）在登录页面输入相关信息，然后登入网上银行（图2-29）。

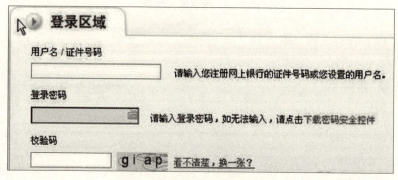

图 2-29　输入信息

（3）选择"外汇通—账户查询"选项（图2-30）。

图 2-30 账户查询

（4）点击账户前面的加号可以看子账户的相关信息，还可以点击明细查询，就可以看到非常详细的相关信息了（图 2-31）。

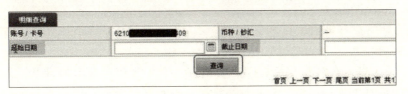

图 2-31 查询明细

交易明细按照用户的交易时间倒序排列，可以输入起始日期和截止日期查询一段时间内的交易记录。其中，"+"表示账户资金的存入，"–"表示账户资金的支出。

2.9 在网上银行购买保险

保险对大家来说并不陌生，随着人们思想观念的改变，很多家庭都会购买一份保险，比如车险、医疗险、教育险等。随着互联网的普及，保险也已经从最开始的上门推销，发展到网上咨询、了解和利用网银购买了，相对来说方便了很多。

购买合适的保险对人们而言是非常有必要的，它能让人在某些特定情况下得到相应的帮助，帮人度过一些困难时期。

下面，我们以泰康人寿为例，说明如何通过网上银行购买保险。

（1）利用搜索引擎找到泰康人寿的官网，点击进入。官网的右上角有客服热线，遇到任何问题都可以直接拨打电话进行咨询（图 2-32）。

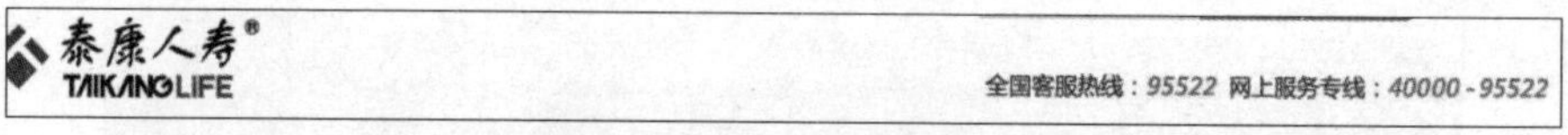

泰康人寿®
TAIKANGLIFE
全国客服热线：95522 网上服务专线：40000-95522

图 2-32　泰康人寿官网页面

（2）在顶栏可以很清楚地看到产品博览、关于泰康等各种选项。如果只是购买保险的话，只需要点击“在线投保”即可（图 2-33）。

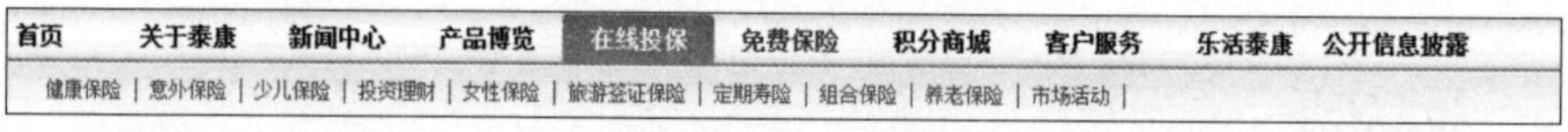
首页
关于泰康
新闻中心
产品博览
在线投保
免费保险
积分商城
客户服务
乐活泰康
公开信息披露
健康保险 | 意外保险 | 少儿保险 | 投资理财 | 女性保险 | 旅游签证保险 | 定期寿险 | 组合保险 | 养老保险 | 市场活动 |

图 2-33　在线投保

（3）进入在线投保后，左边会出现一个关于产品分类的目录栏，上面列举了九种类型的保险，如意外保险、旅游保险、少儿保险等，用户可以根据自己的需求进行选择。比如用户需要购买旅游保险，点击栏目第二个“旅游保险”选项（图 2-34）。

产品分类
意外保险
旅游保险
少儿保险
女性保险
理财保险
健康保险
养老保险
定期寿险
组合保险

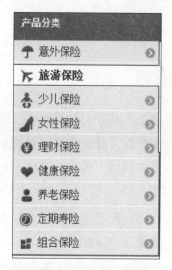

图 2-34　投保目录

（4）将鼠标移到“旅游保险”四个字上面，就会跳出一个方框，上面写着境内外和境外专用，境内外包括 e 顺旅行保障计划、境内短期旅行险和老人旅行保障；境外专用的一般是有 e 顺签证宝的保障的（图 2-35）。

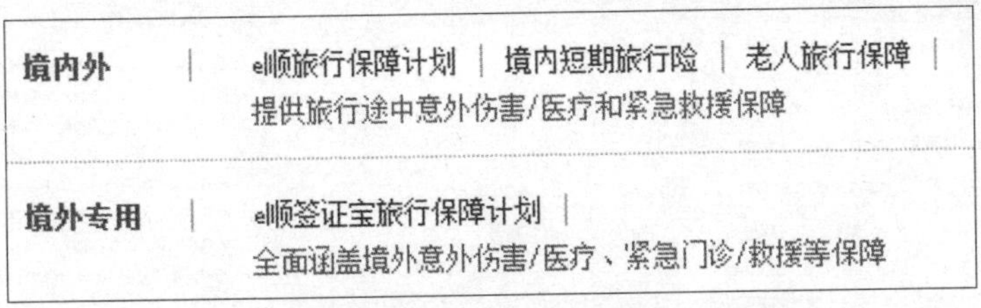

境内外	e顺旅行保障计划 | 境内短期旅行险 | 老人旅行保障 | 提供旅行途中意外伤害/医疗和紧急救援保障
境外专用	e顺签证宝旅行保障计划 | 全面涵盖境外意外伤害/医疗、紧急门诊/救援等保障

图 2-35　境内外的选择

（5）以老人旅行保障为例，进入老人旅行保障页面之后，就会看见右面的黑色的字体：泰康 e 顺老人旅行保障计划，旁边还有腾讯 QQ 聊天链接。如果有任何不理解的地方，都可以点击 QQ 进行咨询。如考虑清楚了确定购买保险的话，就可以点击"我要投保"按键（图 2-36）。

图 2-36　选择投保

（6）点击"我要投保"后可以看到有四个步骤，分别是"保费测算""填写投保信息""投保单确认"和"支付并获得保单"，用户只需要按照要求一一填好即可（图 2-37）。

图 2-37　填写投保

（7）当一切都确定好之后，保单会自动生成，然后会出现选择银行的页面。用户选择好自己所持银行卡所属的银行，然后按照步骤输入银行卡号和密码等信息，确认支付后，网上购买保险便完成了。

2.10 安装网银安全控件

网络技术的发达使得网上购物、网上交易等金融业务愈加繁荣。网上银行也在市场需求下横空出世。为了确保网银的安全以及用户的财产不受损失，各大银行纷纷研发了网上银行安全控件。

网银安全控件是指各大银行利用高端的电脑科学技术设计出的一种安全防护程序，这个程序是专门为保护银行用户账户信息而设置的。当用户开通网银后，只要安装好这个安全防护程序，它就会对用户的重要账户信息开启保护加密措施，防止黑客盗取用户的账户密码。

下面我们以中国银行网上银行为例，说明如何安装安全控件。

（1）在搜索框里输入"中国银行"，搜索后有蓝色的"官网"小标志的词条。切记不可随意进入一些不知名的网站，以免中毒或被骗（图 2-38）。

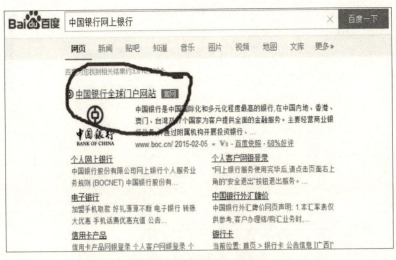

图 2-38　搜索中国银行

（2）进入官网后，点击靠右的"个人客户网银登录"选项（图 2-39）。

图 2-39　进入官网

（3）进入输密码页面后，由于是第一次登录，填写密码处会提示用户安装安全控件，否则无法登录（图 2-40）。

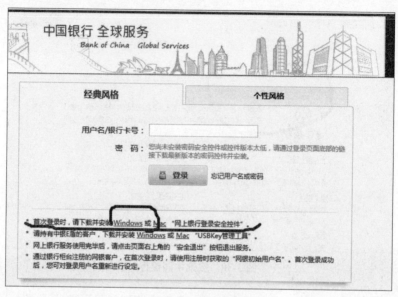

图 2-40　输入密码

（4）点击"Windows"，页面便会跳出一个对话框，点击"运行"选项，才可以下载控件（图 2-41）。

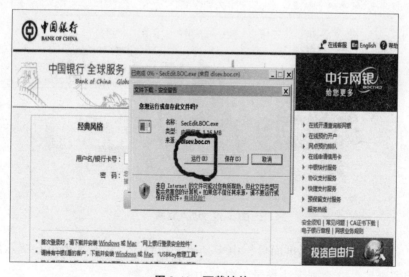

图 2-41　下载控件

（5）下载中的页面如下所示，下载完成后对话框会自动关闭（图 2-42）。

图 2-42　下载中

（6）下载后准备安装时会弹出一个选择语言的提示框，一般我们选择简体中文，在确定好语言之后单击左边的"OK"键即可（图 2-43）。

图 2-43　下载后

（7）安装完成后，单击"关闭"键即可（图 2-44）。

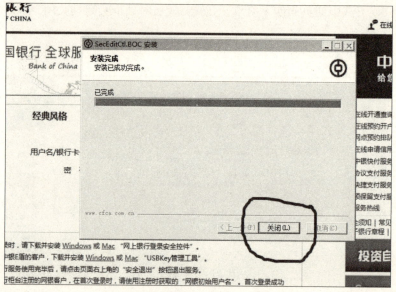

图 2-44　安装

（8）安装好后再返回登录页面输入银行卡号和密码，可以进入的话就说明安全控件安装成功了（图 2-45）。

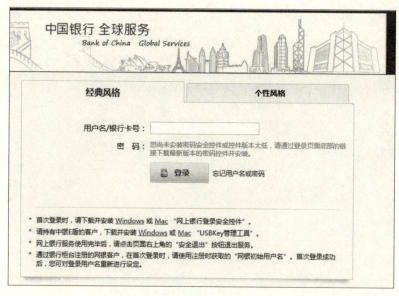

图 2-45　验证

2.11 使用网银安全工具

网银的确十分方便，但是安全问题需要重视。各大银行为了保障用户财产利益，推出了种类繁多的网银安全保障工具，这些工具除了安全防护性能以外，往往还具备各种各样的其他性能，非常受用户欢迎。

下面，我们介绍一下几种常见的网银安全工具。

1. 数字证书——价格低廉

在日常生活中使用频率最高的网上银行安全保障手段之一就是数字证书。数字证书其实是一串数字编码，就像人们的身份证号码一样，包含着个人的基础信息和认证中心的有效签名，一般都被储存在电脑硬盘里或者 IC 卡中。用户只要登录自己的网银，银行系统就会通过证书来验证使用者的身份，确保使用者的信息与对应银行账号的用户信息是一致的（图 2-46）。

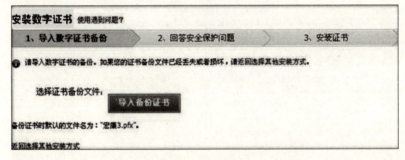

图 2-46　数字证书

使用方法：用户登录网上银行，在第一次进行网银交易时电脑页面会自动弹出提示框，询问用户是否安装该银行数字证书，直接点击右下角安装键便可完成操作，耗时短，操作简单，并且是免费的。

2. USB Key——安全性高

USB Key 是一种 USB 接口的硬件设备。它内置单片机或智能卡芯片，有一定的存储空间，可以存储用户的私钥以及数字证书，利用 USB Key 内置的公钥算法实现对用户身份的认证。由于用户私钥保存在密码锁中，理论上使用任何方式都无法读取，因此保证了用户认证的安全性。

使用方法：在登录网银时，用户只要将 USB Key 插入 USB 接口，然后根据 USB Key 上面的提示逐步进行交易即可。由于 USB Key 内部的重要数据不会储存在电脑上，所以也不存在黑客入侵电脑盗取信息的问题，从这方面看，USB Key 是目前市面上最安全的网银安全工具之一。而且它外形小巧，可随身携带在口袋里或钱夹里，用户在使用时也是非常的方便。

3. 电子银行口令卡——操作简单

　　电子银行口令卡是银行最近推出的电子银行安全工具，是保护用户财产不受损失而设置的又一道防线。客户只需保管好口令卡，即使不慎外泄了卡号和密码，使登录卡号密码和口令卡不被同一个人获取，就能保证客户资金的安全（图 2-47）。

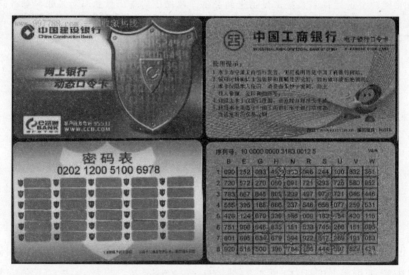

图 2-47　银行口令卡

　　使用方法：客户在使用电子银行进行对外转账、购物、缴费时，电子银行系统就会随机给出一组口令卡坐标，客户根据坐标从卡片找到口令组合并输入系统。只有口令组合正确，才能完成相关交易。

　　以上介绍的就是最常见且用户使用最多的三种网银安全工具，大家可以根据自身实际情况选择一个最适合自己的安全工具。

第 3 章

第三方支付——网上理财更加便捷

在网上交易的过程中，如果担心资金安全或受骗，可以选择第三方支付的交易方式。所谓第三方支付，就是一些第三方独立机构提供的交易支持平台，这些机构大都已经与产品所在国家以及国内外各大银行签约，并具备一定的实力和信誉保障。买方选购商品后，使用第三方平台提供的账户进行货款支付，第三方通知卖家货款到达、可以发货，买方检验物品后，就通知第三方付款给卖家。

第三方支付就相当于在网络交易的过程中多了一个担保方，只要交易中出现与预期不符的情况，都有机会全额撤回自己的资金。第三方支付在发展过程中，逐渐衍生出了缴费、资金划转等各项功能，还包括保险、基金等理财项目，成为人们网上理财的好帮手。

3.1 什么是第三方支付

在网上理财的过程中，人们常常会遇见的一个概念就是"第三方支付"，但是很多人并不明白第三方支付到底是什么、它在我们网络理财的过程中能起到什么作用。第三方支付就是一种交易支持平台，是交易双方以外的第三方独立机构，这个机构具有一定的实力和信誉，往往和多个国家的多个银行签约（图3-1）。

图 3-1   第三方支付合作关系

　　人们如果通过第三方支付平台来购买商品，那么购买商品的时候所支付的钱首先会支付到第三方，然后由第三方通知卖家发货，当用户收到购买的物品时，就可以通知第三方付款给卖方，最终第三方才会将货款打入卖方的账户（图 3-2）。

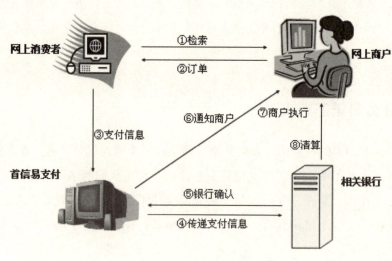

图 3-2   交易关系网

　　我们的生活中，最传统的支付方式就是交易的时候直接支付。但如果不是当面交易或者现货交易，也没有任何信用保证和法律监管的话，很容易就会使存在的风险转化为危机，例如出现没有按时到款、货款少付、拒付等多种问题。基于上述情况，第三方支付就产生了。第三方作为一个中间平台，让买卖双方在资金支付的过程中不用过于顾虑对方的信誉问题，在双方的资金流动和交易过程中起到资金保管、监督的作用（图 3-3）。

图 3-3　第三方服务活动

　　第三方支付的特点主要有以下三个。

---

1. 便捷

　　第三方支付平台直接对接多家银行，所以在支付的时候不需要去各个银行分别开设账户，省去不少麻烦。

---

2. 安全

　　通过第三方支付平台，商家和用户之间的认证是经第三方确认，由此为买卖双方都节省了交易的步骤，使得双方交易更加便捷。

---

3. 有"背景"

　　第三方支付平台往往依附各大门户网站，大多交易网站上都存在第三方支付，再加上第三方跟各大银行之间有合作，所以在交易过程中，第三方能够一定程度地解决买卖双方的信用问题。

第三方支付是现代金融服务业的重要组成部分，也是中国互联网经济高速发展的底层支撑力量和进一步发展的推动力。第三方支付平台不仅在弥补银行服务功能空白、提升金融交易效率等方面表现突出，同时在健全现代金融体系、完善现代金融功能方面起着重要作用。随着国内电子商务的兴起，第三方支付作为具有新技术、新业态、新模式的新兴产业，有广阔的市场前景。所以，要想理好财，必须了解并好好利用第三方支付。

3.2 第三方支付让你的利益更有保障

近年来电子商务发展趋势良好，交易额越来越大，所以网络交易的安全性就越来越受到人们的重视。对于如何保障自身财产安全和个人利益，人们摸索了很久，创造了许多的产品，最终第三方支付的出现较好地解决了这个问题。

第三方支付对用户个人利益的保障主要体现在以下三个方面。

1. 第三方支付协议是监管机构专门指定的

用户在参与交易的时候需要先注册一个账户（图3-4），注册这个账户的时候要签署一个协议才能使用第三方支付平台。这个协议一方面能够制约用户的行为，另一方面还能保障用户的权益。监管机构为了防止协议中出现漏洞，准备了一个专门的协议模本，要求第三方支付机构都依照模本制定协议。

图3-4　注册账户

2.托管资金

在网上理财或购物过程中，买方在没有接收到货物的时候就支付货款，对方可能延迟发货或拒发货物，存在着一定的风险；反过来，卖方在没有收到货款的时候就将货物发出去，那么对方有可能会延缓支付时间甚至是拒绝支付，同样存在很大风险。第三方支付作为中间人，将在双方交易过程中起到资金监管的作用，杜绝了可能存在的风险（图 3-5）。

图 3-5　确认订单

3.明确交易双方责任

第三方支付明确规定了买卖双方的法律责任，通过强制性的法律法规来约束用户，预防不法行为的发生，从而达到了保护交易双方个人利益的目的（图 3-6）。

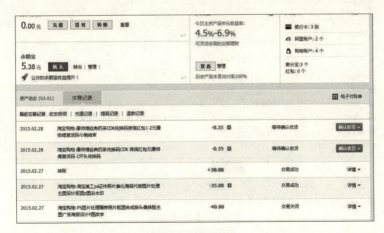

图 3-6　转入转出

3.3 第三方支付让你的生活更加便捷

第三方支付平台为用户提供的不仅是安全保障，还有便捷。现代人生活节奏越来越快，不太可能专门抽出整块时间去理财，只能利用碎片化时间。第三方支付使网上理财褪去了繁复的外衣，变得简单、便捷。

支付宝作为第三方支付的代表，拥有数目庞大的用户群体，这一方面说明了第三方支付工具和技术日趋完善，在安全性方面日益成熟，更意味着第三方支付的便捷性获得了人们的普遍认可。

便捷的操作步骤和容易理解的图文说明，让支付宝用户的年龄区间变大。2014 年圣诞节期间支付宝开展的超市半价促销活动，就是鼓励年龄较大的家庭主妇用支付宝结账。当天的支付宝的下载量极为庞大，许多连锁超市的特价商品都被买空。支付宝只需要安装在手机上就可以使用，省去了携带现金的麻烦。顾客在支付的时候只需要手指头点点屏幕，就免去了收银员收钱、找零、对账的麻烦，降低了收钱、找零过程中出错的可能性。而从大的方面来说，企业通过支付宝收到货款的时候，可以很快从电脑后台看到销售额、销售对象等信息，无论是分析市场行情还是目标人群，都变得更加智能、灵活、便捷（图 3-7）。

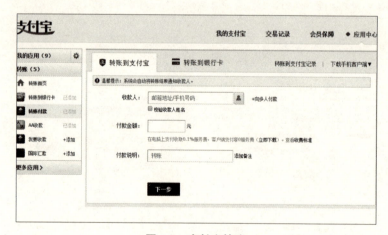

图 3-7 支付宝转账

在技术趋于成熟之后，支付宝开始积极拓展业务范围，基本上已经触及人们日常生活的方方面面。

以前人们缴纳话费必须去固定的营业网点，而现在只需要登录支付宝，点击"手机充值"，选择自己想要充值的额度，输入需要充值的手机号码，再输入支付密码即可完成话费充值（图3-8）。

图3-8 支付宝充话费

以前人们购买机票必须去固定的售票点，还必须在工作人员上班的时间去，非常麻烦。而利用支付宝开拓的"阿里出行"业务，可以随时随地直接在网上预订机票，省去了排队买票的麻烦，让出行更加轻松、快捷。

另外，点开手机上的支付宝钱包，可以看到"水电煤缴费"，点进去就可以缴纳水费、电费、煤气费（图3-9），帮助上班族解决了缴纳水电费时间不好控制的问题。

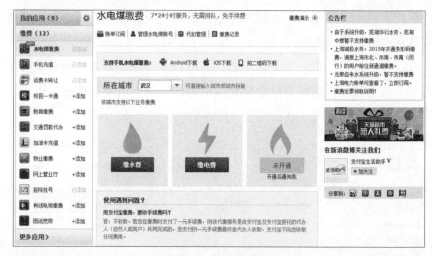

图 3-9　支付宝缴费

打开支付宝页面，还可以看到"余额宝""信用卡还款""转账"等各项理财业务，甚至连"彩票"都有。其中，余额宝就是一个非常普及的理财产品，它的购买金额没有下限，50 万元封顶，收益率相当可观，最关键的是相较于市面上其他理财产品，它的风险性更小一些。

3.4 了解支付宝的功能

提及网络支付工具，人们一定会想到支付宝。支付宝作为现在流行的网络购物工具十分受欢迎，致力于为用户提供"简单、安全、快速"的支付解决方案。除了网络支付，支付宝还有转账、信用卡还款、手机充值、水电煤缴费、个人理财等多种功能，有些功能还不被大家所熟知（图 3-10）。

图 3-10 支付宝的主要功能

下面，我们以"AA 收款"等为例，介绍一下支付宝的特色功能。

"AA 收款"功能适用于聚餐这样的线下场景。例如，如果五个人在一起 AA 制聚餐，当其中一人结账之后，他就可以用支付宝钱包向其他几位伙伴收取餐费。"AA 收款"还可以通过声波技术搜索使用者附近的人，然后收款人可将需要 AA 的对象列入收款范围，双方再通过声波完成支付（图 3-11）。

图 3-11 支付宝 AA 收款功能

　　如果消费者在与朋友聚会时约定好一起使用支付宝的 AA 功能，但是有的朋友却没有及时付款，碍于面子其他人又不好意思催促，这时候就可以利用支付宝的人性化服务来"催款"。用户可以通过支付宝发起"收款"，只要准确填写信息，对方很快就会收到付款的短信提醒，这也避免了朋友之间的尴尬。

　　支付宝还可以对相关账户进行实时提醒。如果消费者在使用支付宝时开通了短信提醒的服务，基本上每次消费交易都会收到提醒。如果用户觉得提醒太多，干扰了自己日常的正常生活，但是又不愿意关闭这个短信提醒功能，就可以对提醒系统进行个性化设定，比如支付金额超过多少钱才会短信提醒用户。这种个性化的设置就避免了一些不必要的打扰，十分贴心（图 3-12）。

图 3-12　支付宝个性化提醒功能

另外，支付宝还将提供账单自动提醒、账单自动代扣、打电话完成缴费等更丰富和人性化的服务，同时也将增如养路费、行政代收费、学费、有线电视费等各种公共事业费用缴费，真正打造 "生活，因支付宝而简单" 的网络时代生活理念。

支付宝现在已经是现在网络交易不可或缺的工具，使用越来越方便，功能也越来越丰富，可以说，要想网络理财，必须学会使用支付宝。

3.5 用支付宝自助缴费

使用支付宝，消费者足不出户就可以缴纳生活中各种费用，方便快捷，且不用排队等待。下面，我们就以缴纳电费为例，学习一下用支付宝自助缴费的步骤。

1. 下载支付宝

消费者在手机中下载支付宝钱包，APP 安装完成之后打开登录界面，输入自己的账号和登录密码，登录自己的支付宝钱包。

2.选择缴费

点击右上角的"我的生活"选项，进入后选择"生活缴费"，接着选择第一个"电费"，并且点击进入"城市选择"。如果出现城市定位失败，可以搜索自己所在的城市，或是在选择项中输入自己所在城市的名称。

3.填写号码

消费者在"用户编号"这一栏中填写你需要缴费的号码，如果不清楚号码，可以致电国家电网的官方客服。

4.付款

进入电费缴纳界面后，消费者再次核对自己的户名和编号，防止数据错误。验证无误之后，就可以填写缴纳的金额，并且点击进入缴费的界面，利用支付宝付款（图3-13）。

图3-13　用支付宝缴纳水电费

现在，支付宝钱包又推出了一个新的自助缴费服务——无忧停车，可实现通过高清摄像头识别车牌号、支付宝钱包公众号自动计费并交费的不停车通行体验。

消费者驾车驶入车库入口时，摄像头就会自动识别车牌号码并且允许放行。车主取车之前，只要利用支付钱包的"无忧停车"公共账号预先输入自己的车牌号码，支付宝就会出现停车场名字还有停车时间等相关信息，车主可以直接利用支付宝支付停车费。在车主准备离开的时候，系统会自动识别车主的账户，如果车主已经利用支付宝支付了停车费，那么就会直接放行。目前这种智能停车付费服务已经在北京的部分停车场实施，非常受消费者欢迎，之后将会在全国各大城市陆续施行。

3.6 财付通在线交易流程

财付通（Tenpay）是腾讯公司于 2005 年 9 月正式推出的专业在线支付平台，其核心业务是帮助在互联网上进行交易的双方完成支付和收款，致力于为互联网用户和企业提供安全、便捷、专业的在线支付服务。这个平台除了能够为广大互联网用户提供优质、快捷的服务，还成为了互联网商家、企业贴身的"小金库"。

下面，我们了解一下财付通的在线交易流程。

（1）注册财付通账号。用户可以选择手机号码注册，也可以选择 QQ 号注册（图 3-14）。

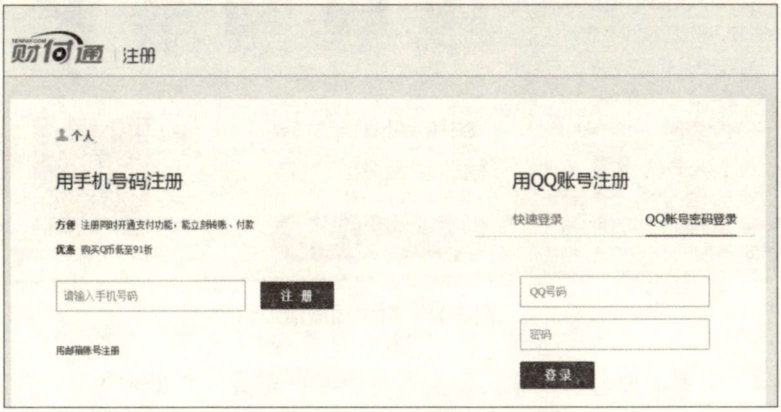

图 3-14　财付通注册

（2）开通网络银行，拥有自己的网上账户（图 3-15）。

图 3-15　开通财付通

（3）在 QQ 面板中选择 QQ 钱包，激活自己的账号（图 3-16）。

图 3-16　财付通激活

（4）买家需要通过网络转账为财付通账户充值（图 3-17）。

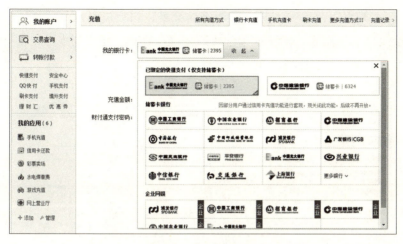

图 3-17　财付通转账

（5）卖家一般需要通过中介保护收款。物品的选择有两个，一个是虚拟物品，另一个是实体物品。例如网游的点卡、电话卡等都属于虚拟的物品，而实体物品就是看得见、摸得着、能感受到其存在的物品。用户根据实际情况填写商品名称、交易金额、买卖数量以及类型，最后点击提交。之后，系统会自动把表单提供给买家，买家付款后，系统就会自动通知卖家发货（图 3-18）。

图 3-18　财付通付款

（6）买家等待卖家发货。实体物品交易，用户可以点击"交易管理"查看交易状态（图3-19）；如果购买的是虚拟物品，用户则需要查收自己的邮箱，交易的状态以邮件为准。

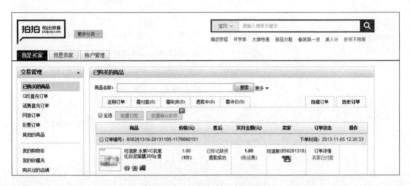

图 3-19　财付通查询发货

（7）财付通会向卖家发送发货通知（图3-20）。

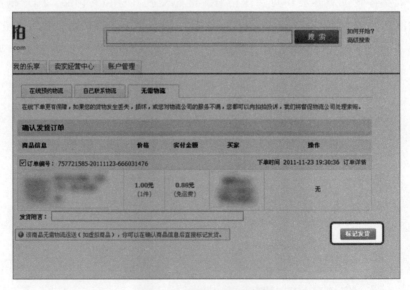

图 3-20　财付通提醒发货

（8）卖家收到系统通知后，根据买家所提供的地址配发货物（图3-21）。

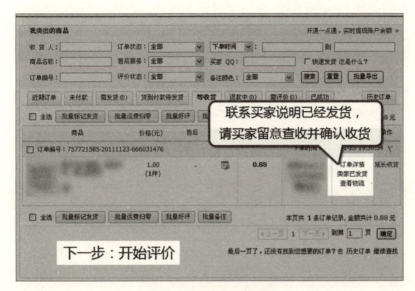

图 3-21　财付通物流提醒

（9）买家收到货物确认无误后，确认收货（图 3-22）。

图 3-22　财付通确认收货

（10）系统把货款转给卖家，交易完成（图 3-23）。

交易查询		交易管理	收支明细	充值记录	提现记录	转账记录	信用卡还款记录	更多记录
买入卖出交易	代付交易	货到付款交易			最近三个月 ∨	所有状态 ∨	更多条件	
类型	创建时间	名称/交易单号	交易对方		金额(元)	状态		操作
⚡	2015-01-11 11:50:42	饿了么订 交易单号 1223…379	饿了么网上订餐		- 8.00	支付成功		详情
⚡	2015-01-05 11:28:18	饿了么订 交易单号 1223…121	饿了么网上订餐		- 9.00	支付成功		详情
⚡	2015-01-04 12:15:33	QPAY_ACT_C2C 交易单号 1000…191	1000016801@mch.tenpay.com		+ 1.00	支付成功		详情
⚡	2015-01-04 10:44:07	饿了么订 交易单号 1223…191	饿了么网上订餐		- 6.00	支付成功		详情
⚡	2015-01-03 10:56:23	QPAY_ACT_C2C 交易单号 1000…529	1000016801@mch.tenpay.com		+ 1.00	支付成功		详情
⚡	2015-01-03 10:49:06	饿了么订 交易单号 1223…529	饿了么网上订餐		- 7.00	支付成功		详情

图 3-23　交易成功

3.7 微信支付——创新的移动支付方式

微信支付是由腾讯公司知名即时通讯服务免费聊天软件微信（Wechat）及腾讯旗下第三方支付平台财付通（Tenpay）联合推出的互联网创新支付产品。有了微信支付，用户的智能手机就成为了一个全能钱包，用户不仅可以通过微信与好友进行沟通和分享，还可以通过微信支付购买合作商户的商品及服务。它的核心功能就是为广大微信用户提供优质、安全、快捷、方便的支付服务。

用户只需在微信中关联一张银行卡，并完成身份认证，即可将装有微信的智能手机变成一个"移动小金库"，之后即可购买合作商户的商品及服务。而且用户只需在自己的智能手机上输入支付密码，无需任何刷卡步骤即可完成支付，方便快捷。

下面，我们了解一下如何利用微信进行支付。

（1）注册微信账号。用户可以根据自身情况，选择 QQ 号注册或手机号码注册（图 3-24）。

图 3-24　注册微信账号

（2）使用扫一扫这个功能扫描商品的二维码，或是直接进入官方的公众账号购买商品（图 3-25）。

图 3-25　扫一扫

（3）点击购买，首次使用时会弹出微信安全支付界面（图 3-26）。

图 3-26　安全支付界面

（4）点击立即支付，弹出"添加银行卡"的提示（图 3-27）。

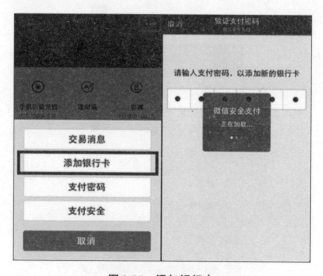

图 3-27　添加银行卡

（5）按要求填写相关资料，获得手机验证码（图 3-28）。

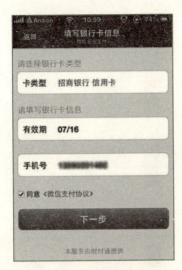

图 3-28　填写银行卡信息

（6）输入两次支付密码，确认安全支付，最后就购买成功了（图 3-29）。

图 3-29　输入支付密码

第4章

网上炒股——打开互联网理财之门

　　炒股就是买入与卖出上市公司所发行的股票的行为。炒股的核心内容就是投资者通过在证券市场交易股票，通过买入与卖出之间的股价差额，实现套利。而网上炒股是指通过互联网进行股票买卖，投资者只要在网上交易的经纪公司开立账户，即可获得一个账户和密码，然后利用该账户和密码即可在网上进行交易。网上炒股简单快捷，只要开通证券网上委托的相关手续，交易就不再受地域和时间的限制，只要有一台可以上网的电脑，就可以方便地委托下单，查询所需要的信息，整个交易过程的速度和便利性远远优于传统的电话委托。

4.1 掌握股票基础知识

　　股市虽然变幻莫测、难以捉摸，但是如果操作得当，就会获得很大的收益。所以，即使明明知道股市存在风险，但在巨大的利益诱惑面前，还是有很多人趋之若鹜，想要从股市里分一杯羹。诚然，股市可以让我们获得一定的收益，但前提是我们得掌握股票的基础知识，只有充分了解了这些基础知识，才有更大的把握获取收益。

1. 股票的概念

就像使用某个电器前要看说明书一样，炒股首先要做的是知道股票是什么。股票是股份证书的简称，是股份公司为筹集资金而发行给股东作为持股凭证并借以取得股息和红利的一种有价证券。每股股票都代表股东对企业拥有一个基本单位的所有权。同一类别的每一份股票所代表的公司所有权是相等的。每个股东所拥有的公司所有权份额的大小，取决于其持有的股票数量占公司总股本的比重。股票是股份公司资本的构成部分，可以转让、买卖或作价抵押，是资本市场的主要长期信用工具，但不能要求公司返还其出资（图4-1）。

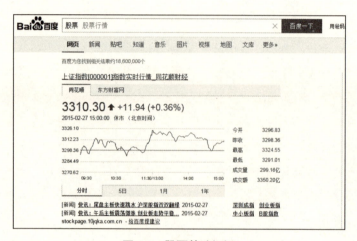

图 4-1　股票基础知识

2. 股票开户

炒股需要先开户，开户的话可以找证券公司的营业部柜台办理，柜台营业员会帮助办理相关事宜；现在一些开通银证通的银行柜台也可以代理开户，同时，有些投资炒股平台也可开户。

开户的时候建议选择成本低的证券公司，成本低指的是交易佣金便宜。关于开户，首先要知道开户包括证券账户的开立和资金账户的开立。证券账户一般可以让用户了解到自身拥有证券的种类、数量以及变动信息；资金账户顾名思义就是用于证券交易资金清算的专用账户，可以在银行和证券公司之间进行资金流转。

证券开户时须填写相关表格和问卷，填写这些表格的时候一般都有文字说明，如果有不明白的地方可以询问柜台工作人员。办理好之后，用户的银行卡将会和证券账号相挂钩，只要在这张银行卡里存入资金即可安全购买股票。

3. 炒股软件

网上炒股会用到一些软件，例如"操盘手""同花顺"等。借助这些软件，投资者可以对股票行情走势有非常直观的了解。

如果投资者对电脑操作不太熟悉，可以去当地证券公司，那里有专门的大屏幕展现股市实时动态，还可以与其他股民沟通交流。值得注意的是股市的交易时间一般为周一到周五，上午九点半至十一点半，下午一点至三点（图4-2）。

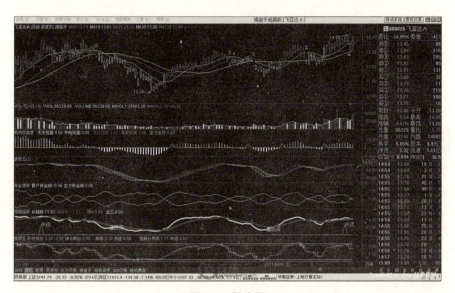

图 4-2　股市图

4. 关注动态

如今已经是互联网时代，网络上的信息包罗万象，如果想要跟深入地了解股票，不妨登录一些专业论坛、网站等，很多有经验的投资者都会发帖讲述自己的成功经验和失败教训。长期关注这些内容，就能做到集思广益。投资者还可以关注一些股票类节目，分析师有时候会着重分析一只股票的走势，对投资者选择股票有一定的参考价值（图4-3）。

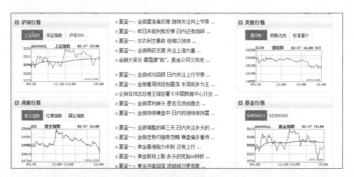

图 4-3   动态信息

股市有风险，投资需谨慎。它能让人赚钱盈利，也随时让人输钱亏损，所以在进入股市前要有一定的心理准备。

4.2 网上炒股入门

初入股市的你是否也有过这样的经历——瞬息万变的股市行情时刻牵动着你敏感的神经，一旦有紧急情况，立刻心急火燎赶往股市大厅？

别这么辛苦了，只要学会网上操作，安坐家中也能轻松炒股，再也不必四处奔波。

1. 学会看盘

股票分为长线和中短线，长线或短线没有一个明确的划分标准，通常说的长线投资时间一般指一年以上，中线则为三个月到六个月，而短线少则几小时多则十几天。不管大家是做短线还是长线，最重要的是学会看盘。

大盘里会展现出很多庄家的活动动向，表面上看似一切都有迹可循，但因为股市的浮动所别迅速，如果仅仅依靠大盘里的信息来判断是远远不够的。所以每天在股市开盘前，我们可以浏览一下网上或报纸上的一些信息，了解最新动态，也许这些动态就是影响今日大盘走向的重要因素。

股市开盘后很关键，股民一定要准时，不要在开盘后姗姗来迟。开盘后要格外注意自己所持有股票的价格是多少，如果估计着盈余很大，就可以考

虑卖出；如果是亏损很大，可以考虑再次购买，准备补仓。股票开市的中间，
大家要集中注意成交量，一般成交量的数额都比较平均，如果在某一个时间
点成交量突然变大，说明有庄家在大量买进或卖出，这个也可以作为股民参
考的依据。如果某只股票在上午收盘前涨幅特别明显，那么下午可能会下跌；
同样，如果某只股票在上午收盘前不断下跌，那么也许下午会大涨（图4-4）。

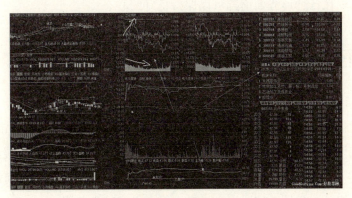

图 4-4　看盘

2. 学会选股

做任何事情都要掌握方法，要想通过炒股赚钱，必须具备选股的能力，
切记不可随意购买。在购买之前应该明确判断大盘的运行趋势，如果股市大
盘处于上升的趋势，这时候买入股票获取利润的可能性就比较大；如果股市
大盘已经到达了一个高峰，投资者就要非常谨慎了，提防买入就下跌的后果。

在不是很确定的情况下，大家要懂得分批买股票，简单地说就是不要把
你全部的资金去买同一只股票，可以把资金分散开来购买几只不同的股票，
这样就可以将风险降低很多。不管怎么样，大家还是要遵循"量力而行"四
个字，根据自己的实际情况和承受能力来选择相应的买股策略。

3. 保持良好心态

在学会看盘、选股之后，剩下的就是看股民的心理素质了。投资者不要
轻易相信他人，闲暇时间可以浏览网页、阅读报纸来获取信息，更好地判断

所持股票的动向。收看一些经济学家的节目也只是学习他们的分析方法，而不是对他们的话言听计从，毕竟没有人有未卜先知的能力。所以，保持淡定的心态是非常重要的，不要轻易被周边事物所影响，也不要太贪心，要明白见好就收的道理，越是在诱惑面前越要冷静下来，但也不要患得患失。不要今天赚了一点立马沾沾自喜，明天亏了一点就愁眉苦脸，要学会理智地分析情况，争取在各种形势面前都可以保持良好的心态。

4.3 网上模拟炒股，积攒实战经验

一直以来炒股都是民众们茶余饭后的一大热点话题，因为现代人对理财的关注度越来越高，而最受关注的无疑是股票投资。人们都会说"股市有风险，投资需谨慎"，一方面股票的高回报吸引着投资者，另一方面股票的高风险也让很多人犹豫不决。于是，网上模拟炒股应运而生，让不懂如何炒股的人也有机会切身体会炒股的流程，为进入股市做好准备（图4-5）。

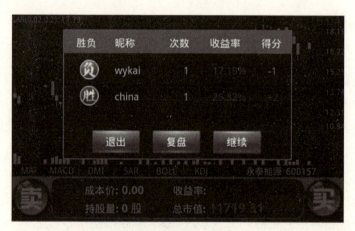

图4-5　网上模拟炒股

投资者可以利用网上模拟炒股软件进行股票的模拟交易，系统对投资者的操作行为及成绩进行评价，投资者可以根据评价了解自己的水平，认识自己的不足。网上模拟炒股软件有练习型的模拟炒股软件，也有比赛型的模拟

炒股软件（图 4-6）。

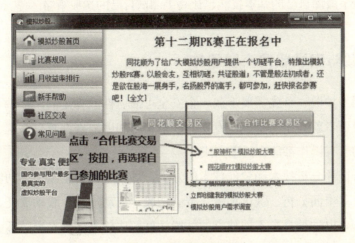

图 4-6　模拟炒股比赛

　　炒股最怕的莫过于亏损了，有了模拟炒股系统，就可以无成本、零负担地完成炒股操作。不管下载什么模拟软件，进入股市的时候都会有虚拟货币来供用户投资，亏损套牢的问题根本不用担心。模拟炒股软件都会严格遵从现实中的炒股规则，投资者在模拟炒股的过程中也可以慢慢学习和适应这些陌生的规则。有的投资者很幸运，经过几次模拟实战之后发现自己有不错的投资天赋，可以在股票投资这条路上继续走下去，为日后真正进入股票市场开了好头、增添了信心。

　　有的投资者认为这种软件毫无用处，其实模拟炒股是否有价值，完全取决于你怎么看待它。所谓的模拟盘，就是给你一个没有风险和压力的环境，让你试验你的选股策略、操作手法等，如果你认真对待它，它绝对不会毫无意义的；而如果你不认真对待，这样的模拟炒股也就是玩玩而已。而那些模拟炒股游刃有余、实战成绩却不如理想的投资者，也许要锻炼的就是你的心态。实战会把人性的弱点无限放大，贪婪和恐惧正是阻止人们盈利的最大障碍。模拟炒股永远无法做到实战的压力，但如果你的选股策略，你的战术方针已经被模拟炒股多次证明是正确的话，难道你在实战中不会对自己更有信心吗？在股市中，有信心未必赚钱，但没信心基本要亏。因此，模拟炒股还是有价值的，它可以让新手锻炼自己的基本技能、让高手测试自己的选股策略。

4.4 下载与安装股票交易软件

在网上炒股，首先需要下载一个安全可靠、性能稳定的用户端。安装软件后，投资者就有了一个独立专用的股票交易和账户查询管理系统，有关股票投资的所有操作都能在这里完成。

随着证券分析技术和软件技术的发展，炒股软件衍生出很多功能，如技术分析、基本面分析、资讯汇集、智能选股、自动选股、联动委托交易等，也因此分化出种种具有不同特点的炒股软件，比较著名的有金陀螺、财富道动态智能分析系统聚财版、财富道动态智能分析系统通富版、投资保姆、大智慧、同花顺等。

下面，我们以"同花顺"为例，介绍一下如何下载与安装股票交易软件。

（1）在搜索引擎里输入"同花顺"，会出现"同花顺最新官方版下载"，点击蓝色部分的"立即下载"（图4-7）。

图4-7 搜索同花顺

（2）看到文件下载的提示，选择"保存"（图4-8）。

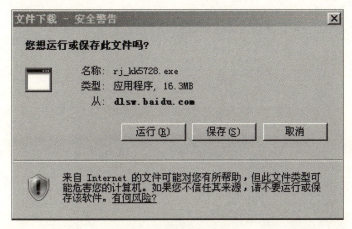

图4-8 下载同花顺软件

（3）再打开安装文件，按照系统提示就可以完成安装了。

炒股软件的实质是通过对市场信息数据的统计，按照一定的分析模型来给出数（报表）、形（指标图形）、文（资讯链接），用户则依照一定的分析理论来对这些结论进行解释，也有一些傻瓜式的易用软件会直接给出买卖的建议。其实，比较正确或者实在的做法，是挑选一款性能稳定、信息精准的软件，结合自己的炒股经验，经过摸索之后，形成一套行之有效的应用法则，那样才是值得信赖的办法，而机械地轻信软件自动发出的进场离场的信号，往往会谬以千里。

做股票投资还是要综观全局来分析，股票交易软件内部的数学模型说不定什么时候就会出错，投资者还是尽量不盲从，自行判断股票的走向。

4.5 利用交易软件买入股票

股票交易软件是股票投资者下达买卖交易指令的软件，通俗地讲，股票交易软件就是下单软件。投资者可以根据股票行情软件、股票分析软件提供的行情数据分析信息进行决策后，通过股票交易软件下达买卖交易指令完成交易。

下面，我们以中原证券集成版软件为例，说明如何通过交易软件购买股票。

（1）打开股票软件，点击"连接主站"选项，就可以进去看到股票行情了（图4-9）。

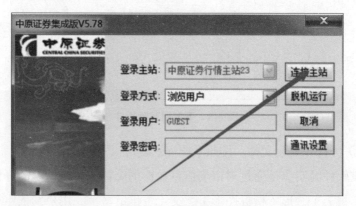

图4-9 连接主站

（2）页面右上角可以看到"网上交易"的选项，点击进入（图4-10）。

图4-10 网上交易

（3）进去之后可以看到用户登录的页面，将自己的各项信息都按照要求填写清楚，再点击确认（图 4-11）。

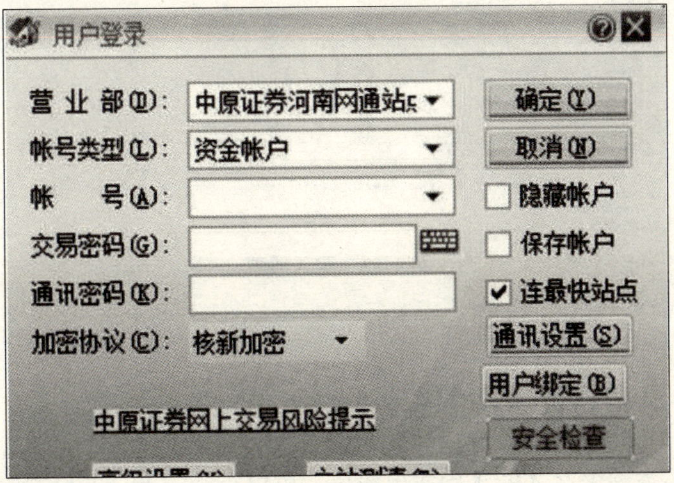

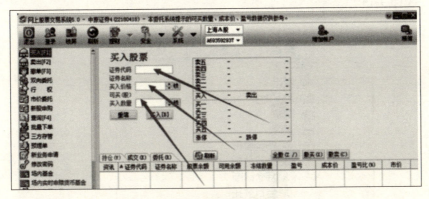

图 4-11　用户登录

（4）此时可以看到右边的第一个选项就是"买入股票"，按系统要求填写好自己想要买入的证券代码和价格、数量即可（图 4-12）。

图 4-12　选择买入股票

（5）填好之后，点击买入即可完成交易（图 4-13）。

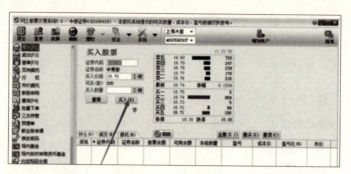

图 4-13　买入股票

4.6 利用交易软件卖出股票

如果不清楚怎么才能正确卖出股票，可以查看一下证券公司给出的操作指南，不同的证券公司有不同的卖出方式，但大致流程基本相同。

下面，我们以东莞证券股票软件为例，说明如何通过交易软件卖出股票。

（1）打开软件可以看到最右边一列的第二个选项是"卖出"，点击"卖出"（图 4-14）。

图 4-14　选择卖出股票

（2）依次填写"证券代码""卖出价格""卖出数量"，确定之后点击"卖出下单"（图 4-15）。

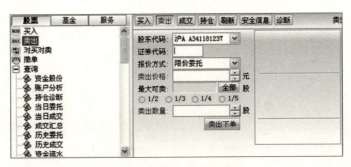

图 4-15　填写卖出股票的信息

（3）如果想要核实自己的股票是否已经卖出，可以点击"卖出"下面的"查询"选项，再选择"当日成交"，即可查看当天的交易情况（图 4-16）。

图 4-16　核实卖出股票

网络上卖出股票有非常大的优势，方便快捷并且安全稳定，很多投资者都喜欢甚至依赖网络卖出股票。但有时会因为用户操作不当导致产生各种各样的问题，比如密码泄露、信息输入错误等，由此承担不必要的损失。因此，使用交易软件卖出股票的时候一定要细心、谨慎。

第 5 章

网上基金——安全稳定的理财工具

　　对于投资来说，高收益往往伴随着高风险，没有风险的事情是不存在的。于是，很多投资者将目光投向了风险相对较低的基金。在网络上投资基金虽然风险相对会低一些，也有很多需要了解的问题，比如该从哪些网站获得基金的信息、如何选择网上基金、如何在网上购买基金等，这些都是投资基金以前需要弄明白的事。

5.1　投资基金的必备知识

　　过去人们经常投资股票，现在很多人都改成了投资基金。因为购买基金的风险比股票相对较低，而且不需要花太多时间去关注。下面就提供一些有关基金的知识，帮助大家更好地投资基金。

1. 基金的种类

　　所有的投资都是有风险的，基金自然也存在着投资风险。股票型基金是基金中风险最高的一种，债券型基金其次，而货币型基金相比其他种类的基金来说风险最低。有的基金投资种类一样，可是风险却存在很大差异。

　　下面我们就来看看我国各种基金所占的比例，具体如图 5-1 所示。

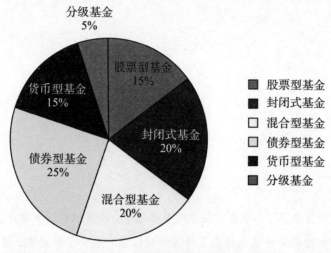

图 5-1   各种基金所占比例

2. 如何选择基金

投资基金之前，我们必须要考虑自己可以承担多大的风险，如果不想冒太大风险，我们可以考虑投资一些保本基金和货币基金；如果想赚得多又可以承受一定的投资风险，就可以选择股票基金，这种基金比较适合有稳定收入的投资者；如果有中等的承受风险能力，可以考虑投资平衡型和指数型的基金，这两种基金的投资结构是同时持有股票和债券，这种投资结构可以做到让收益和风险达到一种平衡的状态，属于中低风险性投资（图 5-2）。

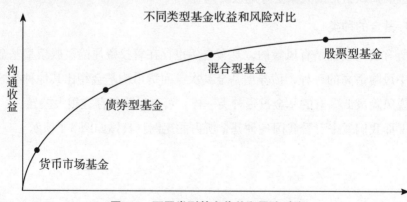

图 5-2   不同类型基金收益和风险对比

在投资时我们还要考虑到基金的管理公司状况如何，详细了解一下该公司的投资风格和业绩。这样做的好处在于：一来可以对比一下同类基金的收益情况；二来也可以比较一下基金收益和大盘走势，如果多数时间里其业绩和同期大盘指数都一样好，那么就可以判断出这只基金是比较好的。此外，我们还可以很好地了解到基金累计净值增长率。

基金累计净值增长率 =（份额累计净值 − 单位面值）/ 单位面值 × 100%

比如说，份额累计净值是 1.18 元，单位面值是 1 元，那么累计净值增长率就是 18%。累计净值增长率也和基金运作时间长短有关，如果基金成立时间短，那么累计净值增长率相比较就会偏低了。

还要注意的是，如果投资者决定购买一只新基金，一定要考察一下该公司其他基金的管理情况，因为每一家基金管理公司的运作风格和管理模式都不同，这也会对投资造成很大影响，考察一下公司之前的管理业绩并与其他公司进行对比，就可以更加有效地降低自己的投资风险。

到目前为止，我国还没有专门的基金流动评价体系，所以投资者只能依靠各个媒体为投资者们提供的资料来自己分析和判断。

3. 费用的算法

在购买开放式证券投资基金时，如果是新基金，首先要缴纳"认购费"，认购费率为 1.2%；如果是老基金，就需要缴纳"申购费"，申购费率为 1.5%；如果想要赎回基金，则需要缴纳"赎回费"，赎回费率为 0.5%，而货币基金则不需要任何费用。

认购费的计算方法
认购费用＝认购金额 × 认购费率

申购费的计算方法
申购费用＝申购金额 × 申购费率

赎回费的计算方法
赎回费用＝赎回份额 × 赎回当日基金单位净值 × 赎回费率

投资定期定额基金就和我们平时储蓄差不多，这种投资具有积少成多、投资成本均摊、投资风险低的特点。它还有随着市场的波动自动增减的功能，无论价格怎样变化，都可以保持比较低的平均成本，所以这是比较平稳的一种投资。只要投资者选择的基金在增长，那么投资者就会获得获益，这样就避免为了选择入市时间而苦恼了。投资基金其实就是专家帮助投资者理财，只需投资者了解基金种类和算法，再根据自身情况选择出适合自己的基金，就可以获得不错的收益了。

5.2 如何选择网上基金

随着网络的发展，如今即便在家里，只要轻点鼠标，照样也能实现基金投资。网银交易的安全系数不断提高，也为网上基金交易提供了保障。俗话说"知己知彼，方能百战百胜"，我们只有详细地了解了网上基金的特点和如何购买网上基金，才能够正确地做出选择。

1. 网上基金的种类

基金销售分为代销和直销，两种购买方式各有优势，下面对代销和直销进行详细介绍（图 5-3）。

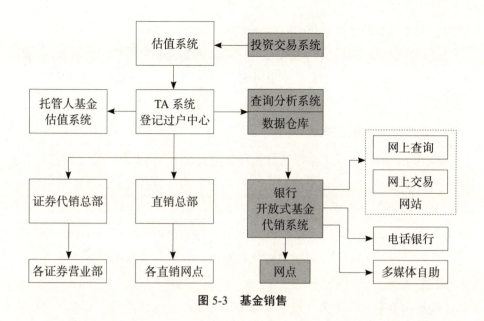

图 5-3　基金销售

代销
代销通常会在银行和证券公司进行，是指金融机构接受基金管理人的委托，双方当面签署书面协议，代理基金管理者在销售开放式基金、基金认购、申购与赎回等业务时，还需要提供全套的服务，这些服务具有选择更多、优惠更大、服务更好及更便捷、更安全五大特点。金融机构会同时代销不同公司的开放式基金产品，投资者可以从中选择适合自己的产品。

直销
直销就是在基金公司进行买卖，投资者可以直接到公司的销售部门购买，也可以到公司的网站上购买。

直销相比代销有下面几点优势。

（1）所需要花费的手续费低，通常只需要 0.6%，有少数只需要 0.3%。

（2）直销基金可以与母公司里的其他基金进行转换，费率也有很多优惠，通常都是单向收取费用，只要申购费，完全不需要赎回费用。基金公司将这个称为"转换费"，大部分基金公司的转换费都非常低。

（3）转化时需要花费的时间很短，基本转换的当天就可以确认了，可以省掉赎回和重新申购所花的时间。

有利就有弊，直销自然也有它的弊端，比如说开户手续比较麻烦。尤其对于新人来说，需要挨个去基金公司的网站上开户，需要填写一大堆的资料，而且很多人也会担心在网上交易存在安全问题。

2. 网上基金的购买方式

购买基金的传统渠道是银行券商和基金公司，投资者可以通过银行柜台、网上银行系统、基金公司直销网上交易系统、券商柜台或者网上交易系统办理基金的相关认/申购、定投、转换等业务。如果是去银行柜台办理，须携带本人身份证。

另外，投资者还可以通过基金公司在网上开的淘宝店等第三方基金销售平台购买基金。

从申购费率方面考虑，通过基金公司直销网上交易系统、基金公司淘宝店、第三方基金销售平台购买基金，手续费比较优惠，有更高折扣。如果是股票投资者，也可以直接通过券商购买，使用股票行情交易软件就可以直接申购基金，方便快捷。

网络上流行的余额宝、现金宝等现金理财工具也是购买基金的一种渠道，但这类工具通常与特定的某一只货币基金挂钩。

3. 网上基金的筛选方法

投资者在选择基金的时候都会犯愁，不知道应该如何选择具有潜力和适合自己的基金。很多刚刚入行的投资者喜欢盲从他人的意见，或者仅看最近哪一只基金涨得最快就选哪一只。其实，筛选基金还是有一定的方法的。

首先，要对市场的后市有一个比较中期的判断，要有自己的观点，要把握好未来市场的热点。如果自身经验不足，那么投资者就需要先耐着性子去学习一下最近的市场机构评论，一定要记得多看几家，因为不一定每一家的评论都是准确的。多看几家之后，综合他们的观点，就可以找到大致的方向了。当你觉得某一个行业好的时候，那选择的范围就基本确定了，接下来就是要找到和你的判断相近的基金了。通常各个基金都会定期发布未来的投资策略报告，我们需要做的就是看看他们的投资策略里究竟有没有你看好的那个板块，如果有的话就可以入手了（图 5-4）。

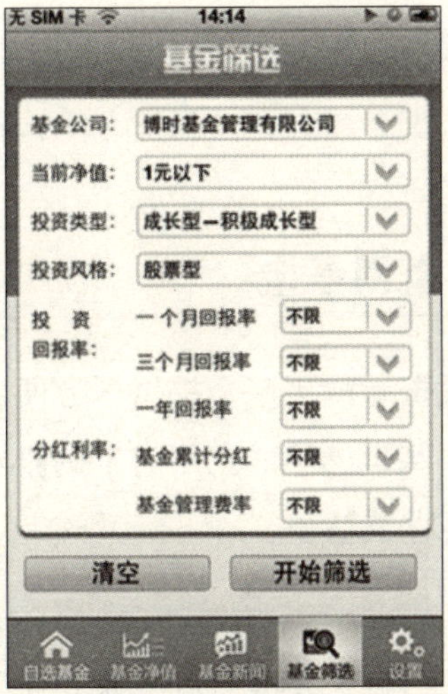

图 5-4 基金筛选

其次，我们需要合理地规避投资风险，这里所说的投资风险指的是系统风险和市场风险。

系统风险存在于交易的过程中，主要是因为交易双方出现了沟通问题时才会发生。比如说在网上交易的过程中网络突然出现问题断线了，或者准备对基金进行操作的时候因网络拥堵进不去网站，这些都可能造成一些损失。还有一些公司存在着同公司基金利益输送与私募基金勾结抬轿的问题，如果知道某家公司存在此类问题，最好敬而远之，即便他们抛出了高收益的诱饵我们也不要去购买。另外，平时尽量提早完成操作，因为每天下午 14：30 之后，很多基金网站都会呈现拥堵现象。

市场风险对于一些长期投资者来说问题不大，但是对于那些喜欢短期投资的人很重要，尤其是新人。新人最大的特点就是进出频繁，当市场出现看空的声音时，大盘依然在上涨，这种情况出现时就意味着很快就要调整了，但是调整的深度就不好预测了。如果想要规避这个风险，就必须在看空而大盘持续涨的时候果断出手，不能过于贪心。虽然说机构预测不是特别准确，但是相较于新手投资者，他们的预测还是比较靠谱的。如果只是单纯地想要规避这个风险，就不要赎回股票基金，而是将其转换成货币基金，这样做的好处在于下次购买的时候可以更加方便，同时也方便纠正自己的投资错误，而且还可以节省时间。

5.3 如何在网上购买直销基金

网络的普及为广大投资者购买基金提供了方便，而且直销基金的利润空间很大，所以在网上购买基金已然成为了时下的投资潮流。下面，就为大家介绍一下如何在网上购买直销基金。

1. 注册登录

在网上购买基金之前，首先要准备好一张开通了网银的银行卡，如果你的银行卡还没有开通网银的话，农行卡也可以开通电子支付卡。下面我们就以农行卡的电子支付方式为例说明如何注册：首先，登录农行网站申请一张电子支付卡，申请过程请参照网站提供的操作流程。成功登录农行网站之后，我们先要填写申请电子支付卡的表格，这里需要填写你的农行卡卡号以及密码，最后再按照图形上的数字填写验证码即可（图 5-5）。

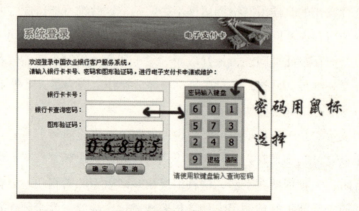

图 5-5　登录农行客服系统

成功登录到银行卡账户页面之后，在里面找到申请电子卡选项，之后再填写你的银行卡卡号、身份证号码、CVD 号码（银行卡背面上的三个独立数字），接下来的两项可以不用填写。每天受理的次数和支付的次数都是有限制的，所以建议大家可以将电子卡的有效期设定得长一点，比如说半年或者一年。将一切都设置好之后就可以退出页面了，这个时候你就已经成功申请到了一个 9559 开头的号码，这个就是你的电子交易号码。这个号码不用记下来，因为银行的系统会自动记载，你下次交易支付的时候，系统就会自动弹出。

2. 首次交易

账户开通成功之后就可以进行交易了，交易时我们需要在基金网站上找到网上交易的登录方式，之后填写你的开户证件以及密码，登录到网站的交易页面，在这里找到自己想要的交易选项，包括申购、赎回、认购以及转换等。比如说你想在网站上申购，那么你就可以直接找到自己想要购买的基金，之后输入自己的申购金额，选择支付方式，确认之后就可以提交付款了。支付完成之后，一定要注意保存交易的流水号，以便在交易出现意外时作为证据来与基金公司交涉。只有成功付款后这个交易才被视为有效，如果只是提交申请并没有付款，或者在付款的时候出现意外，那么这次交易就会视为失败。现在基金公司都以 "T+1" 确认为原则，也就是在成功交易的第二天，你的基金账户会出现你的申购基金份额（图 5-6）。

图 5-6　网上交易

3. 查询份额

成功申购基金后，第二个交易日就会查到自己的申购基金份额，提出申请的那一天就算是交易日了。与交易所一样，基金公司一般也是周六周日休息，工作时间为周一到周五早上 9：30 到下午 3：00，但是网上交易是全天候的。每天下午 3 点之前的交易都被记做当天交易，而之后的就被视为第二天的交易。周五下午 3 点到周一下午 3 点都属于同一个交易日，算作周一的交易。投资者首先要登录基金公司账号，之后找到申购页面就可以查看基金份额了，这里还有每天的单位净值与账面资产信息查询。

4. 收益计算

如何计算收益这件事根本不用投资者自己去做，因为基金公司已经为你做好了。基金每天的增长和净值都会实时公布，大家可以通过公司网站查看。其实高净值的基金增长会很轻易地超过低净值的基金，关键要看涨了多少比率。账户收益通常会在第二天 9：30 以后计算好并直接算到你的本金中去，在这个时间段就可以查询到自己拥有的资金额度了。

5. 赎回与转换

首先需要登录基金账号，之后在交易栏中完成此类操作。这里值得注意的是，在申购新的基金的时候，只有在 T+3 以后才能够进行赎回与转换的操作。这里要告诉大家一个小技巧，如果想要赎回一只基金，你可以先将这只基金转换成货币基金，之后再进行赎回。因为股票基金到账的时间是 T+2 ～ 7，也就是申请赎回日后的 2 ～ 7 天才会到账，而货币基金的到账时间却是 T+1 ～ 2。所以把想要赎回的股票基金转换为货币基金后再赎回不仅可以节省时间，还可以在赎回的这段时间里享受货币基金的收益（图 5-7）。通常货币基金买卖都是免费的，所以股票基金与货币基金转换都是按照赎回费率计算，而货币基金转换成股票基金则是按照申购费率计算。

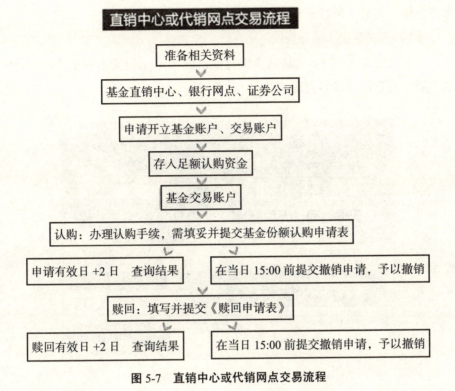

直销中心或代销网点交易流程

准备相关资料

基金直销中心、银行网点、证券公司

申请开立基金账户、交易账户

存入足额认购资金

基金交易账户

认购：办理认购手续，需填妥并提交基金份额认购申请表

| 申请有效日 +2 日　查询结果 | 在当日 15:00 前提交撤销申请，予以撤销 |

赎回：填写并提交《赎回申请表》

| 赎回有效日 +2 日　查询结果 | 在当日 15:00 前提交撤销申请，予以撤销 |

图 5-7　直销中心或代销网点交易流程

5.4 银行的网上基金交易

随着越来越多的人喜欢投资基金，很多银行也推出了网上基金交易服务，给投资者带来更大的便利，而且也推动了银行资金流动，比如兴业银行的"兴业宝"、建行的"基金交易一站通"、农行的"基金 e 站"等。用户在选择前要认真阅读相关声明和约定，弄清其功能、优缺点和可能存在的风险，以免给自己的理财带来损失。

1. 兴业银行推出 T+0 实时货币基金产品"兴业宝"

兴业银行一直坚持"以用户为中心"的服务理念，为广大投资者提供了更加快捷安全的 T+ 实时货币基金产品——"兴业宝"，该产品无需登录、无需注册，并且支持各家银行卡直接购买。

（1）"兴业宝"简介

"兴业宝"（图5-8）是兴业银行推出的T+0实时货币基金产品，该产品的第一期合作伙伴为大成基金。

图 5-8　兴业银行推出的"兴业宝"

"兴业宝"的优点如下。

①门槛超低，1分钱就可以起存。

②预期收益高达活期的16倍。

③支持24小时全天候交易，可以随存随取，到账只需1秒钟。

④支取资金直接返回银行账户，资金交易更加安全。

（2）业务介绍

①入口：直销银行电脑或手机用户端设有"兴业宝"的入口。

②存入：兴业宝的起购门槛非常低，而且无需登录与注册。用户只需要通过点击页面中的"存入"就可以直接进入支付页面。接着选择支付银行，输入卡号、身份证号、交易金额等相关信息就可以成功购买了。目前为止，每日最高额度为5万元，并且支持民生、中信、建行、平安、招行、农行、

工行、光大等多家银行卡，如果是兴业银行本行卡可以直接进行交易。

③支付与查询：由于"兴业宝"24 小时都可以进行交易，所有支取都会随时到账，并且可以通过预留手机号以及兴业银行卡号随时随地进行查询。

2. 建行推出"基金交易一站通"网上交易新模式

为了满足大众的基金投资需求，建行推出了"基金交易一站通"服务（图 5-9），用户只需要一张建行的储蓄卡就可以享受这个服务了。

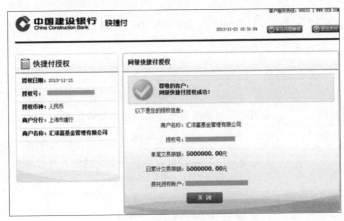

图 5-9　建设银行网银"快捷付"

通过建设银行卡购买基金的步骤如下。

（1）先办理证券卡，这样可以对应你的储蓄卡账户。

（2）储蓄卡内存入足够的资金。

（3）如果想购买基金直接使用证券卡就可以了，在购买之前需要查询证券卡内是否有足够的资金，如果余额不足，系统会自动从对应的储蓄账户中将缺少的钱扣除。

（4）证券卡的余额可以通过储蓄卡转账来获得，或者投资基金后获得的分红。另外，在购买基金的时候，有时会出现比例调售的情况，这个时候退回的资金也会自动存入证券卡内，证券卡的利率与储蓄卡相同。

（5）当你需要使用现金的时候，可以将证券卡内的钱直接转入储蓄卡内。

（6）成功办理建行网上银行后，就可以直接通过网络进行基金账户开户、认购与赎回等操作了，办理流程与柜台相同。

3. 农业银行推出基金 e 站

随着基金投资市场逐渐升温，中国农业银行也为广大投资者推出了一种便捷的购买基金渠道——基金 e 站。该产品支持农行网上银行支付，投资者可以通过基金公司网站进行签约、网上开户、申购、赎回、认购、转换、查询等操作。截至目前，农行已经与鹏华、中海以及景顺等 19 家基金公司联手开展网上直销业务，可以为投资者提供 100 多只基金的在线购买服务。

（1）基金 e 站的优势如下所示。

渠道优势	
更省钱	用户可以享受最低四折的申购费率优惠
更方便	不限时间、地点、交易额，享受全天候服务
更安全	基金 e 站采用了 SSL 互联网加密技术，并且结合了交易密码软键盘加密，让交易更加安全

（2）基金 e 站网上交易开户流程如下。

①农行金穗卡用户成功申请网银用户，或者申请办理电子支付卡。

②登录开通的签约基金网站，点击"网上开户"，一定要阅读网上交易协议之后再确认。

③根据网站提示填写姓名、基金网上交易密码、身份证号码、金穗卡号码以及地址等相关信息。

④如果使用网银或者电子支付卡，需要支付 0.01 元的卡户费用，目的是为了验证身份。支付成功之后，就可以实现账户与金穗卡的绑定了。

（3）基金 e 站网上购买交易流程如下。

①首先登录基金网站，选择"基金网上交易"。

②使用基金账号登录后选择想要购买的基金，之后生成订单。

③在农业银行的支付页面中成功支付，基金交易就完成了。

（4）中国农业银行四种基金购买渠道如下。

①直接到银行或者代销网店购买。

②通过农行网站购买。

③通过 95599 热线购买。

④登录农业银行的合作基金公司网站，通过农业基金 e 站购买。

5.5 通过网上银行购买基金

在网上购买基金非常方便，但是很多人对利用网银购买基金的流程不太懂，下面就简单地介绍一下如何通过网上银行购买基金。

1. 网上购买基金的两种途径

（1）利用银行的网上服务功能直接购买。

首先要去相应银行办理网上银行业务，并且开通资金转入与转出功能。有些银行还需要特别开通网上基金交易功能，投资者在开通网上银行业务时，可以咨询柜台内的工作人员多加了解。成功开通网上银行服务后，投资者就可以登录网上银行，从中找到基金交易的页面，就可以在网上直接购买基金了。

（2）通过基金公司提供的网上交易功能购买。

这种购买方式是从基金公司直接购买，与银行没有任何关系。当你购买基金的时候，就需要选择一个银行的指定账户，通过基金公司的网上交易功能来购买。投资者必须先登录基金公司网站，找到网上交易入口，进入之后根据提示完成所有步骤。这里要注意的是，不同的基金公司认可的银行也不同，在开通网上交易的时候一定要注意自己是否有被认可的银行卡，并且这种银行卡必须要开通网银功能，这样才能够支持你完成网上交易。

两种不同的购买方式各有自己的优势与劣势，在基金公司购买基金的优势在于可以节省一部分的交易费用，而用网银购买则可以根据不同的银行政策享受不同的优惠。

2. 网上购买基金的详细流程

下面，我们以招商银行为例，介绍一下通过网上银行购买基金的详细流程。

（1）首先要登录招行网站，点击页面上的"个人银行大众版"（图5-10）。

图 5-10　招商银行个人银行

（2）在该页面内输入卡号和密码后点击登录，进入账户页面，再点击基金页面（图5-11）。

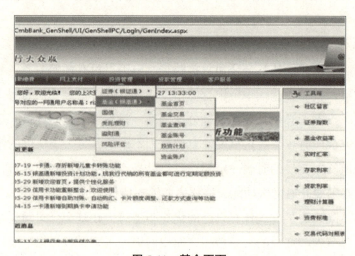

图 5-11　基金页面

（3）点击网上开户，之后会跳转到开户页面，根据提示认真填写信息，并且仔细核对之后再点击确定，开户成功（图 5-12）。

图 5-12　开户页面

（4）返回基金页面，点击购买进入相关的基金页面，不用填写基金账号，直接输出专户密码后点击确定即可（图 5-13）。

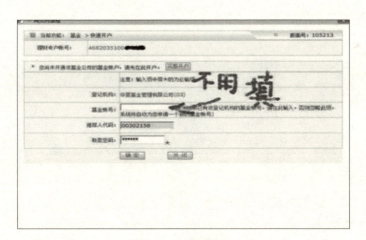

图 5-13　购买基金

（5）输入想要购买的金额后点击确定（图 5-14）。

图 5-14　确认购买

第6章

网上保险与债券投资

随着网络的发展，大部分理财活动都可以在网上完成，比如购买保险和投资债券。很多人都戴着"有色眼镜"来看保险，认为保险起不到什么实质性的作用，纯属浪费钱。其实，这种想法是错误的，保险在我们的生活中扮演着重要的角色，它能在风险来临时帮我们渡过难关，同时很多保险都能保值增值，也是一个很好的投资选择。另外，债券也是网络理财的重要组成部分，是很多人都青睐的投资方式。

6.1 保险的基础知识

保险业已经存在了超过 300 年的时间，人类的发展与海洋存在着密切的关系，因此海上保险也成为了最早的保险险种。现如今保险业蒸蒸日上，与证券业、银行业一起支撑着全球的金融体系。截至目前，全球 500 强企业中就有 50 余家保险公司。随着社会保障体制的调整，人们的生活水平也随之逐渐提高，越来越多的人通过购买保险来抵御生活中不可预见的风险。

1. 保险的定义与要素

（1）保险的定义

保险是指投保人根据合同约定，向保险人支付保险费，保险人对于合同约定的可能发生的事故因其发生所造成的财产损失承担赔偿保险金责任，或者当被保险人死亡、伤残、疾病或者达到合同约定的年龄期限时，承担给付保险金责任的商业保险行为。

（2）保险的要素

保险的五个要素
保险公司所承保的必须是可保风险
保险的过程必须是多数人的同质风险的集合与分散
必须合理厘定保险的费率，即合理制定保险产品价格
必须建立保险基金
必须订立保险合同

2. 保险的分类

人们生活中不可预见的风险有很多，购买保险是抵御风险的一个好办法。保险也分很多种类，下面我们就一起来了解一下保险的分类。

	保险的分类
1	按照实施方式分为强制保险和自愿保险
2	按照保障范围可分为人身保险、财产保险、保证保险以及责任保险
3	按照政策可分为社会保险和商业保险
4	按照风险转嫁方式可分为原保险、再保险与共同保险

我国目前的保费种类比例如图 6-1 所示。

我国保费种类比例

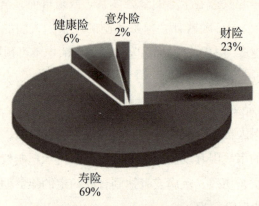

图 6-1　我国目前的保费种类比例

3. 保险的职能

保险的主要职能有三个，分别是补偿损失、分摊风险、给付保险金。

保险的派生职能为投资职能与防灾防损职能。

投资功能
保险的赔付存在一定的时差，所以就形成了派生保险投资职能。补偿损失职能是保险公司的负债业务，保险公司利用负债业务来进行融资活动，投资其实是保险公司主要的收益来源。
防灾防损职能
保险也必须要承担风险，为了减少损失发生就派生了防灾防损职能，保险公司提供损失管理服务来实现该职能。

4. 风险的集合与分散

保险公司承保风险的过程其实就是集合与分散的过程，集合指的是投保人将风险转嫁到保险公司，保险公司又将所有的风险集合起来，当风险发生时将损失进行分摊（图 6-2）。

图 6-2　保险公司承保风险的过程

保险公司对于风险的集合与分散有两个前提条件：

（1）保险公司承保的风险必须是多数人都可能遇见的风险，比如说交通意外、疾病等；

（2）保险公司承保的风险也必须是同质风险，不然当风险出现时就无法进行分散了。

6.2 网上制订保险计划

网络的发达让人足不出户也可以制订保险计划，下面我们就来了解一下如何在网上制订保险计划。

1. 选择保险公司的注意事项

（1）比较不同公司的险种价格。

①对比的时候一定要拿相同的险种来做对比，这样才有可比性。

②对比合同中的除外责任条款，通常不同公司的同一险种价格也相同，但是除外责任范围却不相同，这也就是说它们的价格其实是不同的，所以除外责任条款也必须在考虑范围之内。

③考虑保险公司的服务质量与财务状况，如果保险公司的服务不好，那么购买保险之后吃亏的只有你自己。另外，还需要考虑公司的财务状况，一定要选择一家实力雄厚的保险公司，通常实力雄厚的大型保险公司财务状况都非常不错，而且他们的信誉都很高，选择这样的公司投保更有保障。

（2）注意理赔情况。

保险公司的理赔情况是每一个投保人都应该了解的事情，我们可以通过以下几种渠道获得保险公司的理赔信息。

①投保人可以咨询保险公司受消费者投诉的情况是否严重。虽然说并不是所有的消费者投诉都是符合情理的，但这也反映了该公司在某些方面存在不足。如果一家保险公司被投诉的次数明显高出其他保险公司的话，在投保的时候最好不要选择他们。

②通过身边已经投保的朋友打听保险公司的服务质量。道听途说得来的消息毕竟不如亲自体验来的真实。投资者可以向已经投保的朋友打听保险公司的服务质量，看其是否符合自己的要求。

③通过与保险代理人的接触判断保险公司的服务质量。通常我们在购买保险的时候都是由保险代理人帮助我们投保，我们可以通过代理人来享受保险公司的各种服务，因此在选择代理人的时候一定要选择一位诚实可靠、有责任心并且专业的人。一位好的代理人可以帮助投保者制订更加适合自己的投保计划，而且还可以提供好的售后服务。

2. 比较人身保险险种

其实人身保险产品除了具有保障功能外，还具有投资理财的功能，但是在选择产品的时候，千万不要拿保险产品和一些投资产品做比较，毕竟保险主要是侧重于抵御风险，也是一种强制储蓄的方式。保险在个人或者家庭遭遇危机的时候，可以发挥出巨大的作用，这是任何一种投资产品都无法替代的。购买保险的时候不需要费心的计算，因为每一个人身保险费率都是有规定的，而且所有险种都差不多。在购买人身保险的时候要注意选择购买养老保险还是健康保险，选择保险公司的时候还要注意一定要选择售后服务好的公司。

购买保险的时候，还需要认真对比保险公司的服务以及险种的保障特点，要选择最适合自己的保险。有很多人觉得投保的金额越大越好，其实并不是那样，具体还要根据自己的实际情况来适度选择保险金额。

那么，如何确定自己的保险金额呢？主要从以下两点来考虑。

首先，如果购买人寿保险，那么保险金额通常都要根据实际需求来决定，通常决定保险金额都是根据疾病的医疗费用、退休的养老金、子女的教育经费、丧葬费以及遗属生活费等，另外还需要考虑个人的生活标准，以及家庭需要承担的负担等一系列因素。

其次，在确定了投保的金额之后，还需要考虑投保人自身的缴费能力，如果保险金额已经超出自己的能力范围了，那么未来缴费问题可能就要困扰你很长时间了，而且沉重的保险金额也会给家庭带来巨大的经济压力，如果中途无力承担保费，还会影响到保障程度。但是，保费如果过低，一旦发生风险后，过低的保费无法提供太大的保障。因此，在投保时一定要结合自己的能力和需求来适度选择保费金额。

6.3 直接从保险公司官方网站投保

随着生活保障意识的提高，越来越多的人开始选择购买保险。投保的方法和渠道有很多，各个保险公司出售的产品也十分全面。那么怎样才能快速便捷地购买保险呢？

过去传统的购买方式大都是这样的：先去保险公司提出购买意向，由保险公司提供相关信息，人们在了解了保险种类和保险项目之后，结合保单价格，在征求家人朋友的意见后，再向保险公司购买保险产品。

随着科技发展和人们消费方式的改变，现在我们有了新的购买保险的渠道——网上购买（图6-3）。

图6-3　网上购买保险

　　网上购买保险的建议：保险并不是越贵越好，也不是价格高就保障更加全面。不论是传统方式购买，还是网上投保，都要坚守一个原则——不选最贵的，只选最适合自己的。填写保单是网上投保的第一步，之后要写下自己的详细信息。与传统投保相同，保单的关键内容是被投保人、受益人的详细信息，其中包括电话号码和证件号码。在选择投保前，要对保险公司的提供的项目有一定了解，在平衡价格和保障范围后，做出合适的选择，切忌盲目投保。

　　网上投保与传统投保最大的不同就是它的支付方式，网上投保是在线支付的。以平安保险商城为例，它支持支付宝、快钱和其他网银支付等主流在线支付方式。在支付保险款项后，保险公司会通过一些验证手段来核实投保人的真实信息。

　　网上投保相对传统购买优势明显，但也有一定的弊端，以下方面需要我们多加注意。

---

1. 确定网站的真实性

　　第一次网上购买保险，一定要认准保险公司的官方网址。网络上很多假冒保险公司网站的版面、内容、名称和官方网址一模一样，企图混淆视听。但只要我们输入正确的域名，就能避开这些假冒网址了。

2. 详细了解保险合同

　　网络投保有一定的优惠，但不能因为贪便宜就选择自己不了解的保险。不管是财产保险还是人身保险，都要详细了解合同内容后再作出理性的选择。

3. 确认保单的真实有效

　　最后也是最重要的一点就是，在完成交易之后，应当立即做保单的确认，包括保单号、保险名称、保单时间期限、保单金额、保险人的详细信息等。保险合同上的印章一定要清晰，保险公司的联系方式和服务查询方式要看清记牢。

6.4 通过第三方交易平台投保

保险行业的发展和网上投保的兴起，让第三方交易平台成了保险出售的新市场。在这些地方购买保险有什么不同？这些平台又是否值得信赖呢？

1. 第三方交易平台的背景

正规的第三方交易平台是指那些和保险公司有相关合作，依靠网络技术搭建的网络销售渠道。它可以是保险中介，也可以是相关的行业网站。第三方构建的电子商务交易平台，是为众多买家和买家提供交易信息和交易服务的平台。这些新兴的交易平台，对信息、物流和资金的管理运作更加快速。此平台不但方便了保险受众人群，也为我们和保险公司之间提供了值得信任的交易环境。正是因为其良好的服务、便捷的功能和值得信赖的特性，使得它成为用户网络投保的新选择。

2. 第三方交易平台的分类

第三方交易平台的分类如下。

1	保险公司自产自销的保险网址，以营销自家产品为主。如泰康人寿保险的"泰康在线"等
2	不归属于某一保险公司的独立网站。它们不受保险公司、保险代理和保险经纪的管辖，是独立的保险购买平台。如慧保网、易保、网险等
3	提供保险信息的网址平台，它们是行业内的BBS。如中国保险网

3. 第三方交易平台的选择

选择第三方交易平台时，用户需要着重关注以下几个方面。

第三方交易平台的选择	
是否具备全国性的销售服务	一些第三方的平台，只是兼职提供保险购买服务，并不具备代理保险销售的资格，此类平台的安全性令人担忧。网络保险销售属于新兴电子商务类型，目前市场监管不太完善和全面。在这种情况下，一定要选择那些能够提供全国销售服务的平台
是否有资质销售保险产品	中国保监会最新发布的《互联网保险业务监管规定（征求意见稿）》，对第三方保险销售网站的资质、管理规范等提出了新的监管意见，没有获得全国保险业务经营许可资质的、没有1000万人民币以上注册资本金的、没有保险专业中介资格的网站，都不允许经营网络保险业务
保险是否真实有效，能否经得起保险公司的查证	网络保险业务应获得保险公司的认证和认可
网络支付是否安全	选择第三方平台时也要注意钓鱼网站和假冒网址，避免支付造成的损失

6.5 网络购买保险的利弊

随着人们保险意识的逐渐增强，购买保险产品成为了理财止损的重要方式。许多保险公司搭建起了网络销售平台，向消费者推销保险产品。网络购买保险可以去保险公司官方网站，也可以通过第三方的购买平台操作，诸如中国保险网、易保网、优保网、理财猫等。任何事情都有利与弊，所以我们需要对网络平台有清晰的认识。

1. 网络购买保险的好处

（1）网络平台可以得到更大的便利和优惠

在网络平台购买保险的一大优势是，我们可以对保险产品"货比三家"。利用传统的方式购买保险，除了信息相对闭塞外，还存在容易受保险销售人员误导的问题。在网络平台上，我们可以选择适合自己的保险并自动计算费用。只要填写必要的资料，然后通过网银或支付宝进行网上支付，就能即时产生电子保单，保单也更易保存和查看，投保全过程都可以在家里完成。

（2）网络平台的保险种类更多

通过网络平台购买保险，不仅能和柜台办理选择一样的产品，还能享受保险公司专为网络提供的有针对性的服务。保险公司为了吸引更多的消费者参与到网络投保这一新兴市场，不但在网络平台提供种类齐全的服务，而且提供了更低、更优惠的价格。

（3）保险网络平台提供定制服务

网络平台使得保险产品价格整体下降，在此基础上保险公司提供了更人性化的服务来赢得市场份额。以泰康在线销售平台为例，他们不但提供搭配完善的套餐产品，还提供 DIY 个性定制服务，如利用该网站提供的"e 爱家保障计划"，消费者可以定制个性保险，选择适合自己的保额、缴付方式，真正把每一分钱都花到该花的地方。又比如易保网在网络平台推出的"网上招标量身定制保险计划"，消费者可以在匿名填写保单信息和保障需求后，得到易保网推荐的专业代理人定制的保险方案。

2. 网络购买保险的弊端

（1）虚假保单的出现

网络平台保险销售还处于起步摸索的阶段，行业规范还在调整，法律法规仍在健全过程中。一些保险公司利用法律漏洞及买卖双方信息的不对称，恶意设置合同陷阱，使得保险纠纷频发。如前文所述，购买保险产品不要贪图便宜，更要详细了解保险合同对自己有哪些保障。保险合同条例繁复，对普通人来说有些过于复杂，很容易导致投错保单或买到不称心的保险产品。因此，购买保险前，投保人要做好功课，对保险有大概的认识，然后选择风评不错的保险网站。

（2）网络保单理赔不及时

理赔是否及时是投保人最关心的问题之一。大部分保险公司已经开通了保险理赔的专线电话，我们可以在网络购买成功后，通过拨打专线电话获取购买保单的发票单据。电子保单需要理赔时，理赔过程和传统保险理赔方式并无不同，保险用户可以打电话直接向保险公司申请理赔服务。

6.6 债券投资的常识

投资债券市场正成为许多人青睐的投资方式。面对当前债券市场历史性的发展机遇，我们除了要把握时机，更要对债券投资有一个清醒的认识。下面我们就介绍一些债券投资的常识，供大家参考。

1. 债券市场的定义

债券市场是发行和买卖债券的场所，是（金融市场）一个重要组成部分。债券市场是一国金融体系中不可或缺的部分。

一个统一、成熟的债券市场可以为全社会的投资者和筹资者提供低风险的投融资工具，债券的收益率曲线是社会经济中一切金融商品收益水平的基准，因此债券市场也是传导中央银行货币政策的重要载体。可以说，统一、成熟的债券市场是一个国家金融市场的基础。

2. 债券的基本要素

债券的基本要素包括以下几点。

面值	它是指发行时债券设定的票面额度，我国通常发行是面值为 100 元人民币的债券
债券价值	债券价值主要说的是发行的价格和交易时的价格。债券发行价格可能低于或高于债券面额。债券发行价高于面额时，我们称之为溢价发行；债券发行价低于面额时，则称之为折价发行；债券发行价等同于面额时，就称之为平价发行

（续表）

偿还时间期限	债券的偿还时间是 a 点到 b 点的时间段，a 点是债券发行时间，b 点则是债券上标注的偿还时间。债券偿还的时间也被称为到期日，到期日当天，债券的发行机构将偿还债券本金和利息，债券偿还完成代表就代表这债权债务的合作关系终止
债券利率	债券利率是指每年获得的债券利息与债券面额的比例。债券获得的利息等于债券面额乘以票面利率

3. 债券投资的特征

安全系数高	债券在发行时就已经明文规定了债券到期后需要支付本金和利息，是收益较为稳定的投资。债券中最安全的莫过国债和地方政府债了，这些债券极少出现违约的情况，作为投资收益更加稳定和高效
回报稳定	投资债券市场，除了可以获得稳定的债券利息收入外，还可以根据债券价值的涨跌，通过交易债券赚取差价
更具灵活流动性	我国上市的债券相比其他投资更具灵活性，当需要兑现的时候，债券可以直接在交易市场中卖出

4. 个人投资债券的好处和作用

投资债券，对个人来说主要有以下作用。

（1）投资获利。债券投资首先是为了获利，目前债券的收益还主要是通过债券本身的利息，以及它涨跌产生的差价来获得的。

（2）保值止损。债券是比较稳定的投资项目，相应的它也具有一定的抗风险能力。我们可以通过投资信用级别高的债券产品，如国债，来达到分散个人财产投资风险的目的。

（3）使资金更灵活。由于债券极好变现，又有投资价值，可以很好地保持个人财产的流动性。

5. 个人投资可以选择的债券品种

市面上个人的债券交易主要是通过交易所和银行柜台进行的，但个人是不能在银行间债券市场进行交易的。现在，个人可以选择的债券主要有可转债、分离债、企业债、公司债、国债、地方政府债券等。

6. 债券投资和银行储蓄的不同

债券投资和银行储蓄的不同主要包括以下几点。

（1）时间限制。5 年是银行储蓄最高利率对应的期限，但债券投资者可以选择 3 个月至 50 年不等的时间，时间控制上更具自由，让投资者可以自如应对各种投资需求。

（2）投资回报。利息收入是银行储蓄的唯一收益，但债券投资除了有利息收入外，还可以通过差价买卖来获利，因而债券投资可能获得比银行储蓄更高的回报。

（3）资金的灵活性。银行储蓄时，如临时支取未到期的存款，就只能按活期利率计算利息，这样用户存款数量越大，利息的损失就越大。但是对债券投资而言，就不必有这样的担心。投资者可以随时卖出自己投资的债券获得本金和稳定的利息。而且，一些投资者可以用债券抵押回购借贷资金，借贷到期后用归还资金和回购期间利息的方式，更灵活地掌握资金的流动。

7. 债券投资和股票投资的不同

债券投资和股票投资的不同主要包括以下几点。

（1）投资时间。股票属于长时间、永久性投资，不可逆是它的主要特点，如果股票持有者想要收回本金，就必须将股票转卖给他人才能实现。债券投资则有固定的偿还期限，完全可以通过转让债券来回收本金和利息，还可以等到债券到期，由发行人支付本金和付息。

（2）资金风险。股票投资必须面临瞬息万变的市场和起起伏伏的股市变化。债券投资则十分平稳，一旦企业破产，债券投资者的清偿权利也比股票投资者的索取权更优先。

（3）回报的稳定性。市场经营、经济形势、产品供求等许多因素都会影响股票价格，投资的股票价格时常起伏，回报也很难保持稳定。而债券投资则可获取固定的债券利息，而且债券一到期投资者就能收回本金。

8.债券投资与基金投资的不同

债券投资和基金投资的差别主要包括以下几点。

（1）投资更自主。基金管理人运作资金是基金投资的主要方式，而债券投资是由投资者自己独立操作和判断的投资方式。

（2）收益更稳定。投资基金的收益来自基金投资产生的红利和基金资本的上涨，波动相比股市小，但仍有一定风险，而债券投资收益来自稳定的利息和交易差价。

6.7 债券投资的方式方法

债券投资并非万无一失，同样有一定的风险。经营状况、货币政策、企业融资、通货膨胀等因素都会影响债券的投资收益。因而，我们选择投资债券时，学习一些基本的债券投资技巧与策略是必要的。

1.债券投资交易的时机

债券投资最基本的原则是，债券从上涨变为下跌的时候就是卖出的合适时间，同理，由下跌变成上涨的时候就是买进的合适时间。债券虽然相对稳定，但它的价格也有一定的起伏。债券的价格起伏，一般都是按照市场的同一方向改变的。只要选择在债券价格下跌还没有触到底部之前买进，或者在债券价格还没有上涨到顶峰的时候卖出，就能获得稳定的回报。选择合适的投资时间，掌握低买高卖的原则，就能在债券市场上平稳地获得收益。

2.选择最适合自己的债券

债券是多种多样的，不同的时间，不同的市场形势，债券变化也会很大。在选择债券品种的时候，主要考虑投资者的投资方向。

风险越大的债券，其盈利性也越大。比如，国库券、金融债券是信誉最高的债券，它的保险系数也是最大的，但它的利率常常低于其他企业债券。购买垃圾债券平均收益率最高但是它的风险也是最大的。另外，一般短期债券的利率低，长期债券的利率则比较高。

　　一些投资者比较在意债券的灵活性，但是债券的流动性越高，它的最终收益也会相应降低。这就需要投资者根据自身的情况，平衡各种投资矛盾，在债券市场上找到适合自己投资方向的品种，再通过交易市场的操作，将自己的资金回报最大化。

3. 市场信息的收集分析

　　充分掌握债券价格变化信息，投资者才能更精准地预测市场变化。想要做出正确投资决策，就要从信息大潮中找到有用的资源，通过对比分析，作出投资决策。市场信息收集的原则如图 6-4 所示。

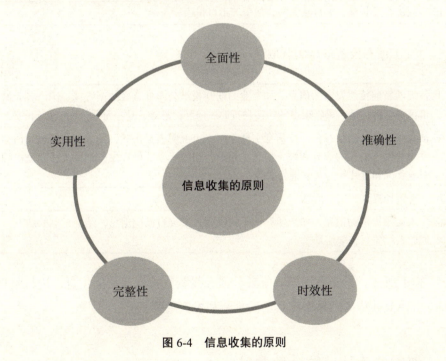

图 6-4　信息收集的原则

　　（1）债券投资的重要信息。

---

① 国家颁布的经济金融政策和市场措施、国家税收政策的变化、市场产业政策的调整、银行利率的上调或下降、汇率的浮动变化等

（续）

② 债券发行公司自身的经营状况，发行公司当月的营业额、季度损益表的各项指标、债务人的运营情况以及与银行之间的关系，银行对发行公司债券的保证情况等
③ 基本的金融信息统计，包括国内民众的经济增长状况、社会各行业财务发展的指标等
④ 国内物价、国家财政、市场金融资料，主要包括国内货币流通数量的起伏、各类投资的收益率的变化、各种证券交易的利率、国家财政收入和支出的情况等
⑤ 债券交易和发行市场的相关数据，其中主要包括债券价值的起伏、债券的新品种的发行和发行量、债券市场上的投资风向等
⑥ 非经济突发状况，如自然灾害、战争等不可抗因素

（2）债券投资信息的获取途径。

① 传统的新闻传媒发布的信息，如专业的期刊报纸公布的金融数据统计、国内各大城市债券交易行情、最新报道的债券发行的风向和消息等，这些都是实时、可信的
② 债券公司公开的信息，这些信息主要是由上市说明书提供的，涵盖公司概况、债券发展计划、公司的业务和设备信息、债券公司的资本、债券发行记录、债券公司的财务状况和近几年的营收报告书等
③ 交易市场提供的实时信息
④ 个人途径提供的信息，如与债券市场的投资人交流自己的信息，结交可靠的朋友，通过人际关系获取信息

综上所述，投资者应当收集各种债券投资直接或间接的信息，进行整理和分析，根据分析结果做出自己的判断和投资决策。

6.8 使用债券计算器计算收益

债券作为一种投资方式，它的收益应该如何计算呢？债券计算器是计算债券收益的重要工具。它又该如何使用呢？以下将对这些问题做详细解答。

债务计算器是计算债券收益的软件，具有便捷、高效等特点。使用该软件，只要输入债券的面额、购买债券时的价格，以及债券到期的时间和债券面额的年利率，就可以很快计算出债券的收益率和出售债券的收益率，以及持有债券期间的收益率（图 6-5）。

图 6-5　债券收益计算

1. 传统的计算债券收益的公式

传统的计算收益率的方法，会根据面额的不同而调整，主要有三种。

（1）债券投资的年利率是单利的收益率，指的是一段时间内购入的债券收益率和投资金额的比率。如投资者在交易市场以价格 P 购买了一种面值为 M、利率是 r（单利）、期限是 N、待偿期（离到期的时间）是 n，并且在到期后一次偿还本息的既发债券，那么每一个单位的债券的到期收益为 M（1+rN）。如果投入的金额是 p，则它的总收益是 M（1+rN）–P，这样它的总收益率为 [M（1+rN）–P]/P，又因为此债券离到期期限还有 n 年，它的年平均投资收益率 R 的计算公式就是：

$$R=[M（1+rN）–P]/Pn$$

投资者购了新发行的债券时，如果债券的发行价值和面额等同，那么债券的投资收益率就等于债券的票面利率。如果发行价值高于（或低于）面额，那么债券的投资利益率将低于（或高于）票面的利率。

如果投资者购入的债券是分期付息的话，因其只有待偿期的利息收益，它的投资收益率的计算公式就是这样的：

$$R=[M（1+rN）–P]/Pn$$

（2）有些债券没有标明利率，如折价发行的债券。这种将会在债券期满的时候，通过票面值一次性兑现本金和利息，这种债券采取折价的方法发行是经常形态，它的收益率的计算公式是这样的：

$$R=（M–P）/Pn$$

（3）年利率是复利的债券。如果投资者用价格 P 购入了年利率为复利 r，面额是 M，偿还期限是 N，未偿期是 n 的债券时，那么这种债券的到期收益是 M（1+r）。当投资者卖出债券的时候，它的投资收益的计算就相对简单了。假如投资者购入债券时的价值是 P1，卖出债券时的价值是 P，而在债券持有期 n 的利息收入为 L，那么投资收益率 R 的计算公式就是这样的：

$$R=（P1+LP）/P×n$$

2. 债券计算器的使用方法

下面，我们看一下使用债券计算器计算收益的方法。

（1）输入正确的债券面值（图 6-6）。

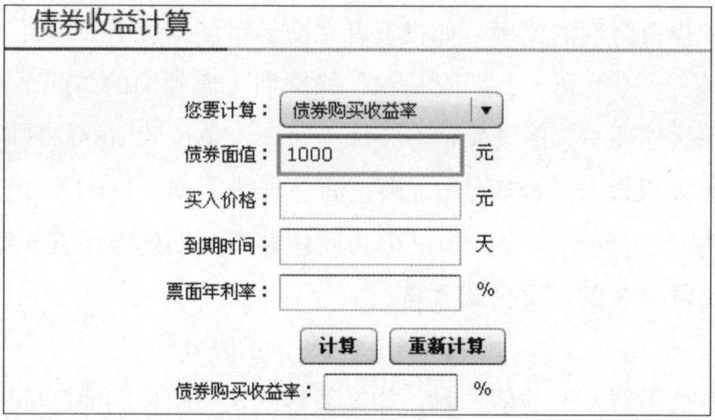

图 6-6　输入债券面值

（2）输入买入债券时的价格（图 6-7）。

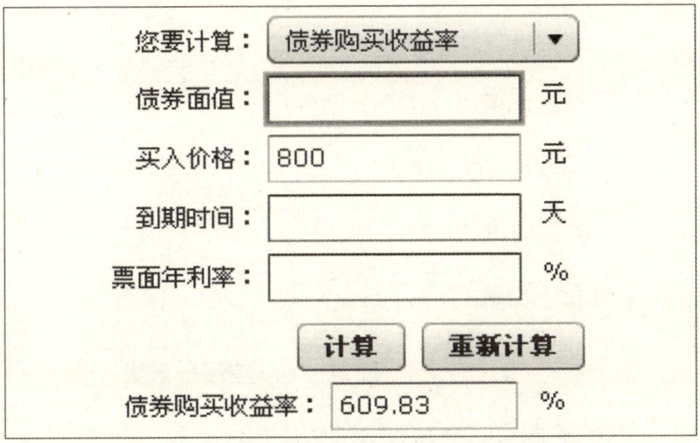

图 6-7　输入买入价格

（3）输入债券到期的时间（图 6-8）。

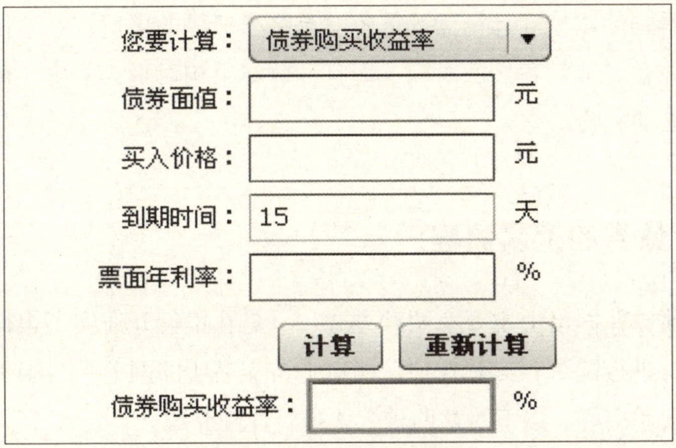

图 6-8　输入债券到期时间

（4）输入债券票面的年利率，然后点击计算，就可以轻松得出购入债券的收益率了。该软件同样可以计算投资者出售债券的收益率和在持有期间的债券收益率（图 6-9）。

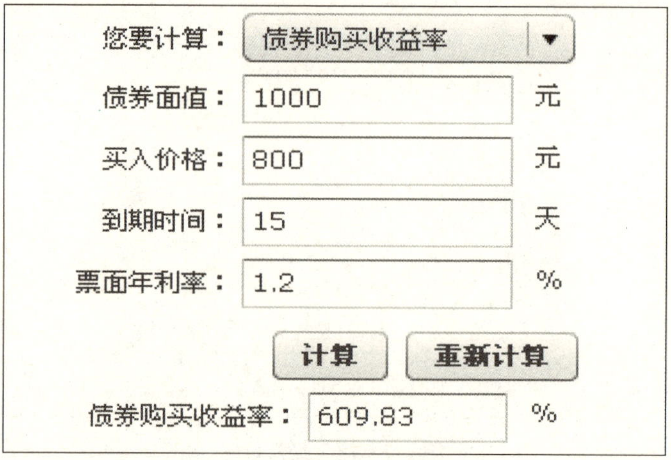

图 6-9　输入年利率，点击计算

　　将传统的计算方法和使用债券收益计算器的计算方法进行对比，我们可以清楚地看到使用债券计算器计算收益是多么轻松的事情，它不仅能够快速地计算出收益，节约我们的时间，而且计算结果相对更为准确，免除了人为失误等方面的风险。

6.9 网上债券的交易流程

　　购买债券在网络上主要有两种方式：一是在银行开通网上银行业务，通过网上银行进行购买；二是在沪深两市上市交易所的网上平台购买债券，此类债券流动性更好。以下对这两种方式进行详细介绍。

　　1. 通过网银购买债券的流程

　　通过网银购买债券的流程，基本每个银行都是一样的。下面，我们以建设银行为例，说明通过网银购买债券的详细流程。

　　（1）输入用户名和验证码，登录网上银行。我国债券发售时间是8：30，五年期的最热销，想买五年期的最好在这个时间之前进入网银。

　　（2）登录后找到投资理财——债券——储蓄国债页面，而后出现了可以购买的国债，一般分为三年期和五年期（图 6-10）。

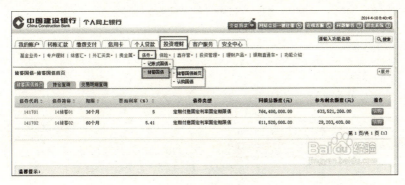

图 6-10　购买国债

（3）选择三年期或者五年期，然后点击认购。一般来说，五年期会更加划算，如果出现提前赎回的情况，利率折算也会比三年期的更高（图 6-11）。

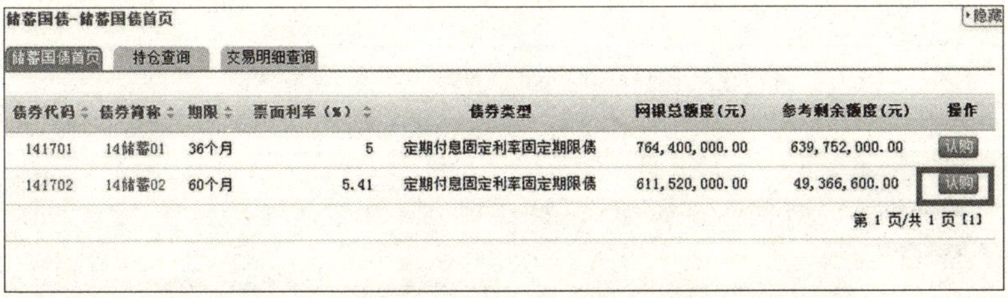

图 6-11　点击认购

（4）点击认购后弹出的对话框。选择市场名称、证券名称、买入金额等，点击下一步（图 6-12）。

图 6-12　选择证券信息

（5）这时需要投资者仔细核对金额是否正确、期限是否正确等，确定后点击确认（图 6-13）。

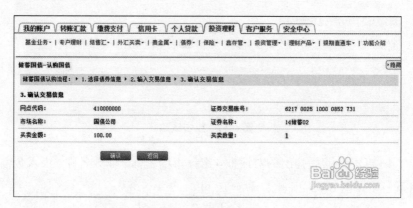

图 6-13　核对信息

2. 通过上市交易所的网上平台购买债券

下面，我们看一下如何通过上市交易所的网上平台购买债券。

（1）携带本人身份证到证券公司办理沪深交易账户以及相关手续。存入账户相关资金后，就可以购买相关债权，包括国债、企业债和可转债等。

但是个人投资者是不能交易国债回购的。

（2）网上办理委托交易。首先投资者要安装相关交易软件，且具有网上委托交易的资格，输入有效的用户名和密码，并且资金账户中认购资金不得少于 1000 元。具体流程如图 6-14 所示。

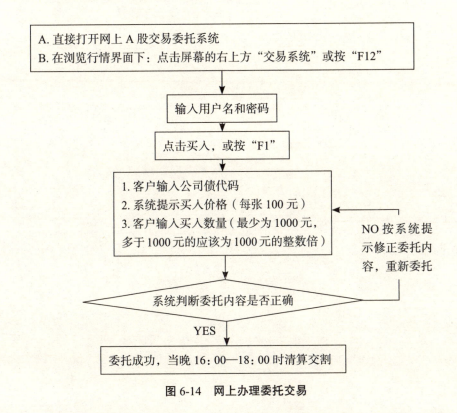

图 6-14　网上办理委托交易

（3）与网银购入的债券相比，从债券商交易渠道购入的债券在安全性方面相对差一些。所以，购买时需要了解以下内容：证券公司最近几年经营状况和它的业务发展情况；证券公司的通过审计的财务报表、业务发展报告，分析它的项目存在的风险，以及它以后是否有能力偿还。

证券市场是有风险的，所以想要稳定的回报就控制并降低证券投资风险。只要我们认真了解行情，作出正确理智的判断，相信必定能让投入资金产生稳定的回报。

第 7 章

网上外汇与贵金属投资

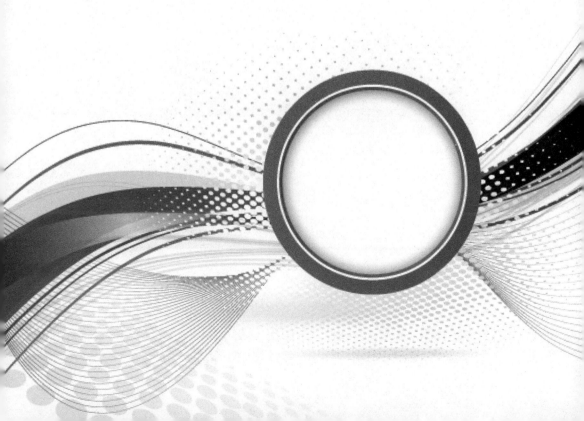

随着国际经济变化的过程，各国的汇率都在不断发生改变，外汇被越来越多的人用于投资理财。同样的代表一定价值的贵金属，也以特定的形式出现在人们的理财范畴之中。

7.1 初识外汇投资理财

1. 外汇和汇率的定义

1996 年我国颁布的《外汇管理条例》第三条对外汇作出了法律上的定义：①外国货币，包括纸币、铸币；②外币支付凭证，包括票据、银行的付款凭证、邮政储蓄凭证等；③外币有价证券，包括政府债券、公司债券、股票等；④特别提款权、欧洲货币单位；⑤其他外币计值的资产。

汇率，或称汇价，指的是用一国货币表示另一国货币的价格，即两国货币之间的比价。汇率在外汇市场上是以五位数字来表示的，例如日元 119.95，欧元 0.9705，英镑 1.5237 等。一点是汇率变化的最小单位，例如日元 0.01，欧元 0.0001，英镑 0.0001 等。外汇市场上用三个英文字母来表示各国货币，例如日元是 JPY、欧元是 EUR 等。

2. 标价方式

直接标价法和间接标价法是汇率的标价主要方式。

直接标价法

也称应付标价法，是指以一定单位的外国货币来对应本国货币单位，即买入一定单位外币应支付多少本国货币。中国在内的许多国家都采用这种标价方式。这种方式下，如果外币折算的本币金额多于前期投入，便说明外汇汇率在上升；反之，则为下跌。外币的价值与汇率的涨跌成正比。

间接标价法

也称应收标价法，是指以一个单位的本国货币为标准，计算应收外国货币的数量。国际市场上采用间接标价法的主要有欧元、英镑、澳元等。这种计算方法的原理是本国货币的数额保持不变的情况下，外国货币是随着本国货币价值的变化而变动的。本国货币兑换的外币数额比前期投入少，就说明外币币值在上涨；反之，则说明在下降。外币的价值和汇率的涨跌是成反比的。外汇市场上的报价一般是由报价方同时报出自己的买入价和卖出价，即双向报价。卖出价、买入价之间的差价越小，就意味着成本越小。目前，国外保证金交易的报价点差通常在3~5点，国内银行实盘交易则在10~40点。

3. 世界性的外汇市场

外汇市场是指金融机构、跨国企业和自营交易商参与的，由中介机构或电讯系统组成的买卖各国货币的交易市场。目前国际外汇市场每日平均交易额已达到1.5万亿美元。世界上分布着30多个世界性的外汇市场，通过地域划分，主要分为亚洲、欧洲、北美洲三部分。最重要的外汇市场主要有欧洲的伦敦、苏黎世、法兰克福和巴黎，美洲的纽约和洛杉矶，澳洲的悉尼，以及亚洲的东京、新加坡和中国香港等。所有外汇市场都有相同点，但每个市场又有着各自的特点。各个外汇市场是各自独立又相互影响的，这个交易中心结束营业后，订单就会传递其他交易中心，这些订单决定着下一个交易中心的开盘内容。这些主要交易中心以所在城市为原点，逐步辐射周边的地区和国家，加上它们各自所在地的时区差异，各国外汇市场的交易中心在开盘时间上相互承接和呼应，通过先进计算机网络和通讯设施交易市场被紧紧地连接在一起，世界各地的投资者都可以进行交易，这使得外汇流动更加快速，汇率差异也变得很小。借此，外汇市场成为了24小时运行的全球一体化的国际交易市场。

4. 参与外汇交易的主要群体

自营商及大型跨国企业、非银行金融机构、经纪人公司、中央银行、商业银行等，是外汇市场的主要参与者（图 7-1）。他们交易频繁，金额巨大，有时交易额会达到千万美元以上。按照他们的交易目的，这些参与者可以分为投资者和投机者。

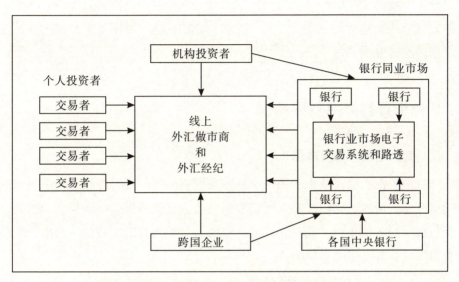

图 7-1　参与外汇交易的主要群体

5. 外汇市场的交易

国际贸易产生了外汇，外汇交易成为国际商业交易间结算的主要工具。由于外汇交易数量的大幅增长，外汇市场也发生了重大的实质变化。它不再只是国际贸易结算的工具，而是变成了重要的国际金融商品。外汇交易的变化也使得外汇交易的种类越来越多。

远期交易、期货、期权、现钞、现货、合约现货等，是外汇交易主要产品。详细解释就是：远期交易是指按照合同规定在约定日期办理交割，合同大小可以自主决定，交割的时间也很灵活；期权交易是指未来是否购买、出售某一货币的选择权的预先交易；现钞交易是指旅游者或其目的需要外汇现钞者之间进行的交易，包括外汇旅行支票、现金等；现货交易是指银行之间，或大银行代理大用户的交易，在交易约定成交之后，两个工作日内完成资金交易；合约现货交易是指签定合同的投资人和金融公司之间的交易外汇的方式，主要适用于个人投资者；期货交易指的是按照约定的时间，确定汇率来进行交易，合同的金额是固定不变的。目前国际贸易产生的外汇结算交易只占整个外汇市场的1%左右。现在的外汇交易主要都是以投资为目的的，外汇价格起伏成为投资者的主要关注点，现货、合约现货以及期货交易成为外汇交易中的主要方式。

7.2 外汇理财产品基础知识

1. 外汇理财产品有哪些

目前外汇产品主要也分为两类：收益固定的外汇理财产品和外汇结构性理财产品。而这些理财产品是不需要投资者自己做外汇选择和投资判断的，银行购买的外汇理财产品是银行专业投资人员来指导下完成的，是由产品事先设计的条款来保障交易的。

（1）固定收益类外汇理财产品

这一类的外汇理财产品主要投资方向为外汇债券。在一样的时间条件下，它的回报率是高于同类币种的外汇存款收益的，而它的损失风险微乎其微。目前由于受到金融危机的影响，降息成为各国中央银行的主要政策，这样导致了固定收益类的外汇产品的回报大不如前。很多国内银行都已停售固定收益类的外汇理财产品，并且理财产品以短期产品为主，回报更低。面对这样的情况，投资者可以转换成较高利率水平的外汇。当然，要在考虑汇率风险的前提下进行。投资者也可以选择银行存款、购买其他固定收益类产品来止损保值。

提前赎回本金是固定收益类的外汇理财产品不允许的，投资者可以选择期限较短的理财产品以防范风险，但建议要充分了解资产的流动性风险，在汇率大幅起伏的阶段进行操作。

（2）结构性外汇理财产品

投资范围广和衍生产品多是外汇结构性理财产品的特点，它可以延伸到大宗商品的交易、国外股票价值、对冲基金和黄金石油指数等方面。这种类型的理财产品分为静态和动态两种：产品发行后设计结构不发生变动即是静态；针对市场情形而作出投资调整即是动态。结构性产品目前会设定一个最低保本额度，额度收益的起伏由产品延伸出的交易表现。

结构性产品相比固定收益类产品风险大，常常会出现高收益或零收益的情况，甚至会出现负收益的状况。此时保本额度能让投资者不必担心自己的本金会大幅缩水，但购买此类产品还是要考虑以下几方面的风险。

---

① 收益的风险

结构性外汇理财产品投资标的同股票价格或指数、国际市场利率、汇率、黄金等价格挂钩的，它是跨市场运作的。银行会考量产品将到期后的回报水平，并与产品交易标的的实际表现（观察值）挂钩，其中分为单边挂钩和双边挂钩。只有当挂钩投资标的的价格都上涨或都下跌才能获得收益的，即是单边挂钩；双边挂钩则是和价格波动的绝对值挂钩，可以是选取最大值、最小值或加权平均等方式确认观察值。银行有时会事先预设一个波动的区间，此时，不论单边还是双边，只有实际观察值落在此区间内和超出这个区间的时候，投资者才会取得收益。

采取双向挂钩的方式相比单向挂钩的方式收益风险小。这是因为双向挂钩产品到期收益只与挂钩资产价值起伏的绝对值关联，而和实际起伏的方向没有关系，观察期内，一旦价格产生起伏，那么不管涨跌，投资者都取得收益。

---

② 流动性的风险

外汇理财产品一般情况是不允许投资者提前终止合同的，投资者必须持有到期，如果在投资期间需要资金周转，那么投资者就会出现资金困难。而且，流动性的诸多限制会导致这样的情况：持有期间市场利率出现了持续的上涨，理财产品的收益率却不能同时上涨，而导致产品的实际收益水平下降。

③ 赎回本金的风险

有一些外汇理财产品银行是有权终止合同的，而银行总是会选择对自己不利的时候终止双方的合同，但这时间往往是投资者回报较高的时候。国内各大银行终止合同一般有两种方式：第一种，投资者不能提前终止合同，而银行有权在支付收益时终止合同，投资者如果想要提前终止合同，则需要缴纳违约金；第二种，根据投资的理财产品的金额大小，投资者有权提前赎回本金。

④ 挂钩汇率的风险

与汇率挂钩的外汇理财产品需要注意一些的风险，此类产品虽然会有较大的回报，但汇率的起伏会严重影响与之挂钩的外汇理财产品，这将可能使投资者的收益减少或受到更严重的损失。尤其是一些和小币种货币汇率挂钩的外汇理财产品，一般的投资者根本无法判断它的涨跌起伏，外汇产品的风险也相应增加。

2. 控制外汇理财产品风险的手段

了解自身的风险承受能力是投资前首先应该做的事。投资者可以通过了解自己所投资的产品的特点，对比自己的风险承受能力，调整自己的投资计划。外汇投资只看到回报率和产品期限是片面的，应当全面考量投资的收益和风险。若投资者风险承受力低，可以投资银行定期存款和固定收益类外汇理财的产品；若投资者承受能力较高，可以投资结构性的外汇理财产品；若投资者有专业知识和相关经验，可以投资外汇买卖交易。

投资外汇理财产品前，投资者应要详细了解该产品的交易规则和它挂钩的资产情况。挂钩资产不同，相应的风险也会不同。通常，汇率市场的波动比黄金市场大很多，因而如果选择与黄金挂钩的外汇理财产品，那么投资者的损失风险就会相对较小；外汇市场的起伏并没有股票市场那么剧烈起伏，所以选择挂钩股票市场的理财产品，它的风险就要更高一些。

在选择外汇理财产品之前，投资者还要针对自己资金的流动性和投资收益之间的矛盾，作出平衡。如果投资者近期的资金周转不顺畅，那么选择流动性高或者有提前赎回条款的理财产品为佳。选择期限较短的产品也是一种策略，不过这就错失了取得更高回报的机会。

外汇市场的汇率风险是最大的风险，这种风险无法人为避免。机构投资者避开汇率风险大都是通过对冲和远期交易来完成的。个人投资者无法完成这样的交易，所以要尽量选择本币交易结算的外汇理财产品，这样就能一定程度上避开汇率起伏造成的风险；如果选择外币结算的外汇产品，那么就要确定一个币种，使得投资者能够锁定投资的收益和资金止损。目标币种应当选择那些宏观经济较好或者利率较高的外币，这样就能减少汇率起伏造成的风险。

7.3 在网上查询外汇牌价

1. 什么是外汇牌价

外汇牌价指的是两种不同货币之间的比价。国内的外汇牌价是以人民币直接标价的，挂牌公布是以特定数量的外币折合多少人民币来表示的。外币都会公布三种牌价，分别是外汇买入价、外汇卖出价、现钞买入价。银行将外币卖给用户的牌价就是卖出价，这也是投资者到银行购入外汇时的牌价；银行向用户买入外汇或外币时的牌价就是买入价，买入价又分为现钞买入价和现汇买入价。银行买入现汇时的牌价就是现汇买入价，银行买入外币现钞时的牌价就是现钞买入价。

2. 外汇牌价的网上查询方法

查询外汇牌价的方法有很多，下面介绍比较常用的三种。

（1）银行官方网站查询

网上银行系统是便捷的查询方式，投资者在登录之后，能够实地时了解外汇牌价。各银行网站的操作相似，银行的牌价通常是 5 分钟更新一次（图 7-2）。

中国银行外汇牌价					🏦 中国银行
货币名称	现汇买入价	现钞买入价	现汇卖出价	现钞卖出价	中行折算价
英镑	952.24	922.85	958.92	958.92	960.4
港币	78.76	78.13	79.06	79.06	79.21
美元	610.78	605.88	613.22	613.22	614.3
欧元	763.54	739.98	768.9	768.9	765.11
澳大利亚元	530.4	514.03	534.12	534.12	535.17
加拿大元	538.52	521.89	542.84	542.84	544.16
日元	5.2062	5.0456	5.2428	5.2428	5.265
澳门元	76.59	74.02	76.88	79.34	76.72
韩国元		0.5356		0.5808	0.557
泰国铢	18.61	18.03	18.75	19.	

注：发布时间为2014-11-19 08:28:25

图 7-2　中国银行外汇牌价

（2）新浪财经外汇查询

　　新浪财经作为新浪网站的重要板块，一直致力于为用户提供全天无间断的投资理财服务，用户可以在这里全面了解外汇资讯，还可以通过博客、专家讲坛、网站论坛等进行共享和交流。新浪牌价是五秒钟一变的（图7-3）。

图 7-3　新浪财经外汇牌价

（3）新浪SHOW查询

　　新浪SHOW作为我国最大的网络视频互动平台，拥有视频道具，可以帮用户找到自己喜欢的房间和朋友。在该平台上有银行外汇牌价频道，你可以直接找朋友分享资料，或者进行语音交流。这个平台提供了不同以往的信息获取通道（图7-4）。

图 7-4　新浪 SHOW

3. 网上查询需要注意的事项

（1）信息泄露的风险。

互联网为我们提供了方便、快捷的查询方式，但网络同样可能会造成投资者信息的泄露。在网上查询外汇牌价时，投资者切记要进入权威的网站进行查询。如果网站需要投资者录入个人信息，就必须要慎重考虑。

（2）网络数据的延迟。

信息在风云变幻的财富市场是尤为重要的，谁获取的信息更多、更及时，谁就更可能成功。外汇市场需要投资者时刻关注各种外汇信息，及时掌握外汇牌价数据。如果因为网络数据延迟造成判断失误，可能会给投资者带来损失。

7.4 外汇投资平台的开户流程

越来越多的投资者开始关注外汇市场，希望可以借此大赚一笔，炒外汇正在成为流行的投资方式，在进入外汇市场之前，投资者应当了解外汇交易平台的开户流程，选择一个适合自己的平台，这对于初学者快速上手是非常重要的。

外汇交易平台的开户流程大致可以分为两种：一是通过银行官方网站开户，如工行、招行等网站上开户，银行交易外汇的特点是投资者开户很方便，但是银行收取手续费较高；二是在投资公司、外汇代理商等机构缴纳保证金后开户，它们的特点是开户手续比较繁杂，但是可交易的货币比较多，手续费比银行低。眼下中国市场还未形成完全放开保证金市场。

1. 通过银行开户操作流程

通过银行开户的操作流程如下（图 7-5）。

（1）在银行柜台申请办理外汇账户，并将已经购买的外币存入该账户内，然后和银行签订外汇交易合同，申请开通该银行的网银业务。

（2）登录该银行的官方网站，进入银行网银后进行相关操作。

（3）完成网上操作后，拨打银行电话来了解实时行情，并操作账户。

（4）通过电话委托交易操作，设立自己投资的外汇的止损点和获利点。

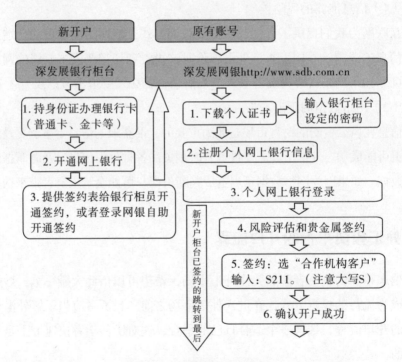

图 7-5　银行开户操作流程

2. 投资公司、保证金开户操作流程

投资者需要按照外汇交易商开户要求进行操作，具体如下。

（1）向外汇代理或外汇交易商提供身份证照片。这是为了证明投资者的身份，这一步必不可少，而且非常关键。假如投资者涉及洗黑钱等非法活动，相关部门会通过投资者的身份证进行追查。

（2）外汇开户过程中，可能需要投资者提供自己的地址证明。地址证明也很简单，国外的法律规定金融公司款项进入，就必须要有渠道进行款项的回流。国外支票使用比较频繁，地址证明是金融公司用来寄送支票的，地址证明的作用就是表示金融公司会把投资者的钱还给投资者。国内投资者有时不方便提供地址证明，这时可以用银行卡来代替。银行卡在国内会起到同样的作用。但这就要求投资者的银行卡还要能接受美元等外汇汇款。目前绝大多数银行是可以接受外汇汇款的。在国内投资外汇，提供身份证和银行卡照片就足够了。

（3）外汇开户还需要投资者提供签名的文件。投资者最重要的保障之一就是签名文件，签名文件包括三个：正常签名、正楷签名、日期。这些是为了辨别签名的，日期是为了增加不法人员模仿的困难。因为有的不法人员会伪造用户签名，这就给投资者造成了麻烦和困扰。

（4）认证邮箱。电子邮箱是外汇开户中最重要的证明，所以投资者一定要提供只能自己使用的邮箱，并且主要邮箱密码不能泄露。投资者只能认准自己邮箱收到的账户通知，而不能轻信其他的账户通知。如果不法人员伪造了投资者的签名，并窃取了邮箱密码，那么投资者将失去对自己账户的管理权限。因此，保护自己的邮箱就变得尤为重要。对于外汇交易商来说，邮箱就是投资者的身份凭证，而且投资者所有的账户变动都要通过邮箱才能完成。假如邮箱丢失，那么投资者就需要通过签名文件来更改自己的邮箱。

（5）交易机构的风险告知书。这是交易机构的形式文件，交易商须向交易者告知交易的风险。

7.5 了解和使用外汇交易软件

市面上的交易软件都是相似的，它们的不同主要在于外汇交易的所在平台。下面就介绍几种外汇交易平台以及如何使用外汇交易软件。

1. 外汇交易的平台

外汇市场上有一定实力和信誉的独立交易商，可以不断向投资者提供交易信息，即报出货币的买卖价格（双向报价），并提供全天候的交易服务，在该价位上为投资者提供买卖服务，这种平台就是外汇交易平台。

不同的外汇交易平台的功能和服务会有很大区别，包括功能和服务方面。投资者选择了某个外汇交易平台，就意味着把自己的资金完全交付给了这个平台，只有正规的外汇交易平台才能保证投资者的资金安全。

国际知名的外汇交易平台有东航外汇、爱富斯、福汇、嘉盛平台等，读者可根据自己的需求，在确保安全的情况下选择适合自己的交易平台。

2. 外汇交易软件的操作

下面，我们以东方外汇为例，详解外汇交易软件的操作方法。

（1）将"东航外汇决策版 MT4"文件下载保存（图 7-6）。

图 7-6　下载文件

（2）打开文件，并进行安装（图 7-7）。

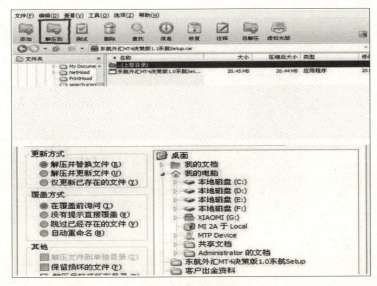

图 7-7　安装文件

（3）输入投资者的注册信息，序列号空白即可（图 7-8）。

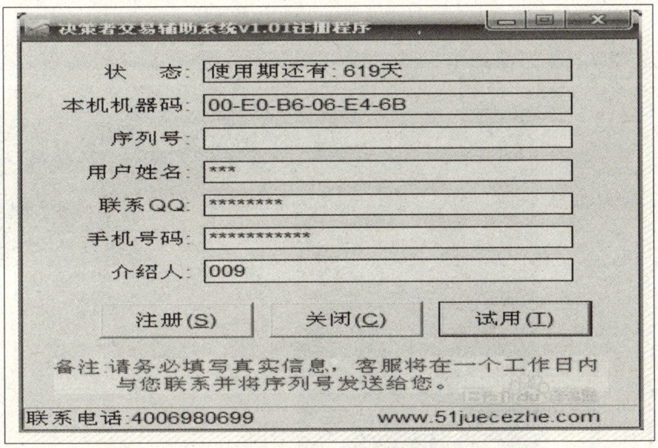

图 7-8　输入信息

（4）打开软件并登录，或申请账号后登录（图 7-9）。

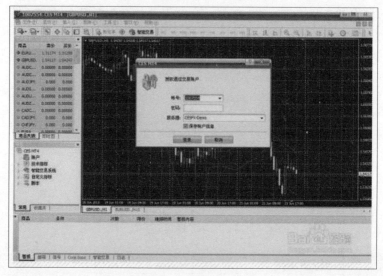

图 7-9 登录账号

（5）在软件中选择"模板"，然后点击"决策者交易辅助系统1.1版"
（图7-10）。

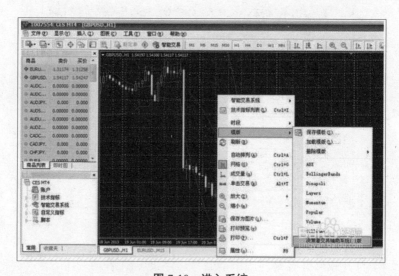

图 7-10 进入系统

（6）使用"东航外汇决策版MT4交易软件"，开始买卖交易（图7-11）。

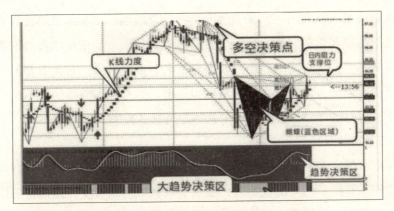

图 7-11　开始交易

7.6　轻松学会网上买卖外汇

在网上交易买卖外汇，只要我们掌握一些技巧和策略，就能轻松操作。下面我们为投资者一一介绍。

1. 网上交易外汇的技巧

（1）顺应市场形势

外汇交易和股票交易是有很大区别的。买卖外汇不能只关注价格，却忽略了汇价的涨跌。在外汇交易时，如果投资者贪多冒进，不顾市场形势和走向，就很容易让自己蒙受损失。

① 汇率上升的趋势中，价格上升到顶峰时买入是错误的。这就好比汇价从地板上升到屋顶，已经没有上升的空间了。除此之外，上涨趋势中任意时候买入都是对的。

② 在汇率下跌的趋势中，汇价已经跌落到最低点，这时卖出是错误的，原因如第一点所比喻的那样。除此之外，下跌趋势中任意时候卖出都是对的。

（2）收益的延伸

初入外汇市场的投资者，常常会有这样的行为：买入或卖出之后，见到账户增值，就急着平盘收钱。这样做看起来没问题，但是如何把握好时机来扩大收益就是一项技巧了。某金融分析师曾总结说："有经验的投资者是根据自己对汇率起伏的判断来决定平盘时机的。如果市场正在朝着对他有利的方向发展，不要急着为一些小利放弃对更大利益的追求，它会由着汇率走向对自己更有利的方向，直到使收益获得延伸。"见好即收指的并不是一获利就收手，有时这样做只会使自己少获益甚至蒙受损失。

（3）判断时机

外汇市场上经常会有各种消息传播，这些消息有些是真实的，有些只是道听途说。有经验的外汇投资者一般会登录权威网站核实，而不是听信小道消息。在外汇市场这样一个敏感的交易市场，任何风吹草动都会引起投资者的反应。为了在外汇市场上盈利，投资者必须跟着市场风向随时做出投资决策。

2. 网上外汇交易的误区

网上外汇交易的误区一般有以下几种。

（1）交易过量

有经验的投资者，手里会随时保持充足的后备资金，有备无患地应对各种市场波动。假如投资者手里的资金不充足，就应该及时地减少手上的其他交易买卖，否则就可能因资金不足，而被动出手手里的外汇以换取资金，这样就算自己的眼光不错，也错过了获利的良机。

（2）追求最低价位

一般来说，投资者见到了高价之后，当市场回落时，对出现的新低价会感到相当的不习惯；但是纵然各种分析显示交易价将会再跌、投资气候十分恶劣，但有些投资者在这些低价位前，非但不会把自己所持的外汇售出，还会觉得价格很"低"而产生买入的冲动，结果买入后便被牢牢地套住了。

（3）把握不准时机

当外汇市场汇率波动很小，买卖双方的力量相近时，那么汇率将暂时进入处于僵持的拉锯状态。不管是上涨行情中的局势，还是下跌行情中的局势，只要拉锯状态结束，阻力和支撑被打破，汇率将会出现大幅的变化。这时候就是有经验的投资者入市的好时机。如果僵持时间很长，那么平衡被打破时，有经验的投资者就会收获很丰厚的回报。

（4）不设定止损点

很多投资者都认为，外汇交易风险不大，上涨就抛售，赚取差价；如果下跌，就将资金转入定期储蓄，获取利息，时间长一些就可以通过利息弥补损失。

其实，利息并不能弥补投资者的损失，如果损失过大，利息就没有什么意义了。因此指定一个止损点，如果市场转变，汇率跌到止损点时，就要及时出手。这是最简单也是最重要的投资技巧。外汇市场风险很大，随时可能出现意外的波动，所以每一次外汇交易前指定一个止损点是必要的。

（5）不懂得控制风险

外汇市场是风险很大的交易市场，影响外汇价格的因素很多。虽然很多投资者已经在长期的操作中得到许多经验和教训，但外汇市场的变化还是让人捉摸不定。

认识风险和效益、了解收获和损失的概率、防范风险等是投资者在外汇交易中要学习的重要知识，尤其是风险概率。如果投资者对风险控制没有正确的认识，随意进行外汇交易，出现损失几乎是必然的事情。

7.7 贵金属投资基础知识

1. 为什么要投资贵金属

证券投资和贵金属投资的目的是不同的，这点我们必须了解清楚。如果我们摒弃投机因素，只从价值投资的方向思考的话，我们应该知道：证券投资是投资企业，当企业盈利的时候，我们可以得到一定的利润分配；贵金属投资则没有这项功能，它是为了防止通货膨胀导致的财富贬值。

很多人知道投资领域的一句话："跑不赢 GDP，也要跑赢 CPI。"说起来很容易，但是真的想跑赢 CPI 却需要很大的智慧。很多人投资的首选是股市，但一方面普通民众很多时候没有办法得到足够的信息，另一方面股市政策变动大，这都增加了股市的风险。可是投资贵金属就没有那么多问题了，投资者不需要耗尽心力地盯着股市研究、看大量的财务报表。

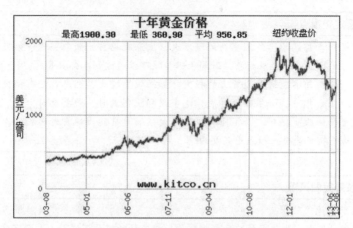

图 7-12　黄金价格统计图

　　上图（图 7-12）是黄金价格的统计图，统计时间长达十年，有很强的说服力。从这个图中可以很直观地看到黄金价格基本是呈上升趋势的。因此，如果不是想大发大赚，只是不希望自己手里的财富贬值的话，投资贵金属是一个可以考虑的选择。

　　2. 怎样投资贵金属最合理

　　贵金属一般指黄金和白银，黄金和白银各有两种投资方式。黄金投资有实物和纸黄金这两种，白银也是这样。

　　实物黄金、白银的投资就是直接购买黄金和白银。可是金银制品买了以后并不像想象中的那样好卖，所以实物黄金、白银并不适合做投资。

　　购买银行的实物黄金可以直接去银行柜台办理，同时也可以在网上订购，不过网购以后还是需要去银行指定地点去取回。将黄金卖回给银行就必须去柜台办理了，并且不收任何手续费。整体来说，实物黄金比纸黄金的单价要高一点，但是似乎没有银行做实物白银这方面的交易。

　　虽然实物黄金非常可靠，但是也有自己的缺点，比如买卖过程烦琐，并且实物黄金的保管也是一个很困扰投资者的问题。因此很多人愿意投资纸黄金。纸黄金、纸白银购买以后不是直接发放到投资者的手里，而是给他们一张凭证。但是纸黄金是没有办法取出来的，只能按照当天的金价售给银行。

纸黄金的购买和销售非常方便，我们可以在登录银行的网站，选择即时交易或委托交易，直接在网上购买或者销售，而不用像出售实物黄金的时候一样必须去银行。纸黄金一旦买入就会记入投资者名下，出售以后，钱就会进入投资者的银行账户。购买和销售纸白银的方法与纸黄金并没有很大的区别，但是绝大多数银行都没有开设这项业务。现阶段，国内只有中国工商银行有纸白银网上交易的业务。

3. 怎样进行纸白银和纸黄金交易

虽然投资实物黄金可以拿到实物，但是交易烦琐、保存困难、难以兑换等因素导致很多人不愿意投资实物黄金。如果投资者开通了网上银行，纸黄金和纸白银的交易就十分便捷了。

接下来给大家介绍一下纸白银和纸黄金的交易方法，为了让大家更清晰地理解，我们会和股票交易的方法做比较（黄金就是纸黄金，白银就是纸白银）。

第一，黄金一次的交易量不能低于 10 克，白银交易量一次不能低于 100 克。可以看出来，投资白银还是比较容易的。

第二，无论是投资黄金还是白银，银行都会收取一定的交易费。不过这个交易费只是银行收取，和政府没有什么关系；交易费并不是根据交易额的百分比收取，而是根据买入和出售的差价收取。

第三，从周一 7：00 到周六 4：00 都是金银交易开市的时间。在这段时间内，交易不受限制。相比股市交易方式，金银交易限制小多了。

第四，股市有涨停和跌停，金银交易没有这个限制。

第五，影响金银价格的因素有许多，不只是受到国内资金流动性的影响，还受到国际资金，尤其是美元价格的影响，这也是和 A 股股票不同的地方。因此，北京时间 23：00 点到次日 2：00 金银价格的波动最为剧烈。

第六，金银的销售和买进是没有券商参与的，就是在投资者的账户上进行的，因此网上金银交易更加便捷。

4. 黄金和白银的不同

一提到贵金属大家就会想起白银和黄金，它们的区别有以下几点。

第一，黄金几乎是一种纯粹的货币，并没有太多的实用价值；而白银不光有货币用途，还是一种在电子、电力等方面非常有用的工业原料。也正因为如此，白银价格的波动和工业、贸易的情况有莫大的关系。与此不同的是，影响黄金价格的因素就单纯多了，仅仅是纸币的发行量。

第二，相比较白银而言，黄金的价格是稳定上升的，但是非常缓慢。从整体来看，白银的价格也是不停地上升的，但是白银的价格很容易剧烈波动，高回报和高风险是并存的。

第三，实物黄金的流通性比较好，虽然黄金不能完全保值，可是黄金制品变现还是有办法的，而白银制品的变现难度就很大。

7.8 贵金属投资平台开户

1. 开户流程

投资者选择好交易所以后，再去营业网点开户。开户时需要在营业网点提交一些资料的原件及其复印件，还需要现场拍照和签署一些文件。

（1）准备开户所需的材料。

① 个人投资者：身份证明（身份证、军官证、护照其中一种）、投资者在资金托管银行开立的存折或者借记卡账号。

② 机构投资者：营业执照副本、组织机构代码证、税务登记证、法人身份证明、开户办理人身份证明、法人签署的开户授权书、投资者在资金托管银行开立的结算账户。

（2）提供相关文本，包括《风险揭示书》《协议书》《用户调查表》《资金托管三方协议》等。

（3）根据交易所统一的编码规则编号以后，开设交易账户。

（4）交易所备案用户资料。

（5）投资者下载安装用户端以后，登录电子交易平台修改账户密码。

（6）开户结束。

具体流程如图 7-13 所示。

开户流程图：

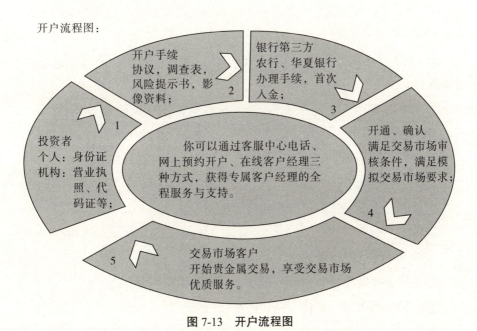

开户手续
协议，调查表，
风险提示书，影
像资料；　2

银行第三方
农行、华夏银行
办理手续，首次
入金；　3

投资者
个人：身份证
机构：营业执
照、代
码证等；　1

你可以通过客服中心电话、
网上预约开户、在线客户经理三
种方式，获得专属客户经理的全
程服务与支持。

开通、确认
满足交易市场审
核条件，满足模
拟交易市场要求；　4

交易市场客户
开始贵金属交易，享受交易市场
优质服务。　5

图 7-13　开户流程图

2. 出入金

投资者将资金在自有的交易账户和银行账户间划转资金的过程被称作
"出入金"，资金由交易账户划入银行账户为"出金"，从银行账户划入交
易账户为"入金"。出入金有三种方法，下面一一介绍。

（1）系统平台出入金

① 登录之前下载用户端。

② 单击"出入金"，接着会有一个对话框出现。

③ 单击"出入金类型"，根据情况、规定填入"金额"和"资金密码"
（出入金都是资金账号交易密码）。

④ 单击"确定"。

　　注：出金金额不能高于"账户信息"中的"可用保证金"金额和"上日余额"；入金金额不能高于"银行资金余额"。

　　（2）网上银行出入金

　　① 进入交通银行网页，单击"个人网银登录"，单击进入个人网上银行登录页面。

　　② 将 U 盾插入计算机，单击"证书认证用户登录"，填写登录密码，登录网银。

　　③ 如果办理"入金"业务，选择"证券期货"，单击"卡转期货"；如果办理"出金"业务，选择"证券期货"，单击"期货转卡"。

　　④ 根据页面指导，单击"证件类型"，录入"证件号码"。

　　⑤ 单击"期货公司"选项，再输入"转账金额"。

　　⑥ 录入"卡交易密码"（即银行卡密码）。

　　⑦ 单击"确定"按钮。

　　（3）银行柜台办理

　　① 投资者需要带银行卡和身份证，亲自去银行柜台办理。

　　② 根据银行规定，提供"期货经纪公司编号"。

　　③ 告知银行柜员自己"入金"或者"出金"的金额，然后输入密码。

　　④ 交易结束后取"个人转账回单"。

3. 现货交割

　　"现货交割"是由"提货"和"交货"构成的。

　　"提货"指投资者在电子交易平台买入金条后在指定地点提出所购买的金条，也指投资者在指定地点购买交易所认证金条。

　　"交货"指投资者在电子交易平台卖出金条后在指定地点交入交易所认证金条，也指投资者在指定地点出售交易所认证金条。

　　交易所用的金条是由专门厂家生产，金条上有会员标志和生产厂家标志，并且每个金条都有编号。金条纯度很高，达到 99.99%，重量为 200 克。

　　现货交割指定的地点需要在交易所网站查询。

下面是提货和交货的过程，详情可以参阅《贵金属交易所金条交收管理办法》，具体如图 7-14 所示。

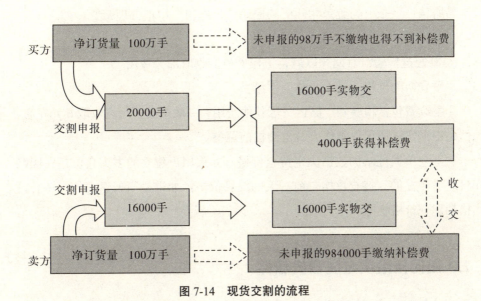

图 7-14　现货交割的流程

（1）提货过程

① 投资者如果请求退货，需要在会员交割网点当场平仓，使用当场打印的平仓单据。

② 投资者需要付全额资金，金额由交割价格和提货数量决定。

交割价格＝持仓价格＋提货费

提货费用主要由加工费、储运费构成，一般情况下为每克 14 元人民币左右，但也可以根据实际情况调整。

平仓单据记录的数据决定持仓价格。如果用户建立的多头仓位是在交割提货日之前建立的，持仓价格是前一天的结算价格；如果是当天建立的，持仓价格和建仓价格相同。

③ 每条金条出仓时工作人员都会填写"出库单"，并且加盖印章，然后把单子和金条一起交付投资者。

注：回售金条或"交货"时必须带上"出库单"。

（2）交货过程

① 交货之前，投资者需要在交割地点当场平仓，用打印出的平仓单据、交易所认证金条、与金条相匹配的原始"出库单"申请办理交货。

② 工作人员检验金条和"出库单"。

③ 经过检验没有问题以后，工作人员会收取部分费用。

平仓回购价格 = 持仓价格 – 手续费

手续费包括检验费、储运费等其他费用，一般情况下每克收取 6 元左右，但是根据实际情况，工作人员也会提前调整。

平仓单据记录的数据决定持仓价格。如果用户建立的多头仓位是在回购日之前建立的，持仓价格是前一天的结算价格；如果是当天建立的，持仓价格和建仓价格相同。

7.9 如何使用贵金属投资软件

现在越来越多的人了解到贵金属的保值作用，进而选择投资贵金属。但是，网上的信息真假难辨，经常会出现各种各样的黑行情、假新闻，这让不少投资者出现决策失误。

投资贵金属多年的投资者经过很久的摸索、对比，找到了一些比较科学、实用、准确的投资行情软件，比如 MT5 交易软件。这个软件模拟平台功能非常强大，很稳定，可以提供实时报价和详细的价格图表，画图工具也非常便捷，还提供技术分析指标，对于刚开始投资贵金属的新用户来说非常方便。

MT5 软件不仅可以在电脑上使用，还可以在各类手机上使用，可以满足用户不同的需求。只要手机、电脑在身边，投资者就随时可以进行贵金属交易。

下面以 MT5 为例，为大家介绍一下怎样操作贵金属投资软件。

1. 交易设置

登录网站，下载、安装 MT5 平台，然后开始初始化设置，左键"菜单"，点击"设定"，然后点击"交易"，接着打开相应页面（图 7-15）。

图 7-15　交易设置

2. 市价交易

　　一键交易的优点就是如果软件使用者左击"产品买入"或者"产品卖出"按钮的话不会弹出交易窗口干扰交易，而是直接成交。启动一键交易的快捷键是"*"，关闭一键交易的快捷键是"F9"。当然，也可以手动关闭。

　　查询持仓状态的话，需要单击"工具箱"，然后找到"交易"页面进行查看，反之，则是平仓。必须告诉大家一点，MT5 平台并没有锁仓功能，因此如果在交易的持仓单操作平仓的话，要双击或者单击持仓单上的"平仓"，也可以左键单击"Close buy 0.50 伦敦金（LLG）xxxx.xx by Market"（图 7-16）。

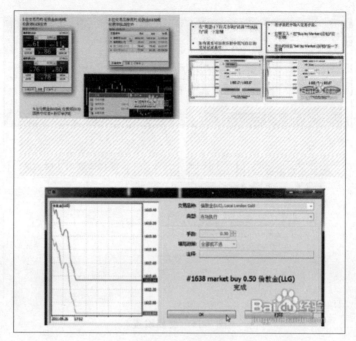

图 7-16 市价交易

3. 委托交易

弹出交易窗口里有 6 种 "挂单" 类型可以选择：限价买入 Buy Limit，限价卖出 Sell Limit， 买入 / 卖出止损 Buy / Sell Stop，买入 / 卖出止损限价 Buy /Sell Stop Limit。

下面的图中给出的案例是现价为 1766.06 卖出 /1766.52 买入 。限价设定好以后，只有金价比限定价格低的情况下才会买入。用上下箭头调整或者直接输入委托价，然后设置好有效期：GTC（周末收市前为有效期）。

下图还有另外一个例子，设置卖出止损限价单（Sell Stop Limit），并且设置当天有效。在"交易"栏里可以查阅追踪止损，如果不满意，修改或者删除只需鼠标双击或者右键就可以了（图 7-17）。

方法：追踪止损点设置以后，市场价高于建仓价设定的点数，止损价会随着市场价的变化不断调动，为使用者多盈利。

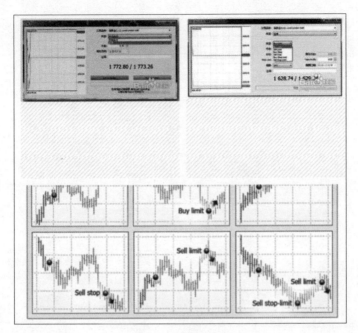

图 7-17　委托交易

4. 追踪止损

（1）终端机会把每一次新的市场价和开仓的位置相比较，判断是否盈利。

（2）比较结束以后，如果盈利的点数等于或高于之前设定的追踪止损点数，止损价格将会被系统从现在的价格调到市价距离追踪止损点的位置，让止损价格和市价的点数差距拉到最大。

（3）价格向高处发展的话，"止损点"是随着价格移动的，价格降低的话，"止损点"不会随之降低。

（4）从用户端退出以后，追踪会直接失效，止损价不会继续变化。下次登录的时候需要重新设置追踪止损数值，才能继续使用。

（5）止损价没有必要预先设置好追踪止损点数，因为如果条件成立的话软件会自动设立止损价，并且自动启动追踪。

第 8 章

互联网理财产品——传统金融市场的撼动者

　　余额宝、盈利宝、理财通等各种"宝"相继上线，这种不依托实体网点
银行而运转的互联网理财产品，已经开始撼动着传统的理财产品市场。它们
具有操作简单、收益快、个性化十足的优点，可以吸引更多的人参与其中。
这是一场科技革命，更是一场金融革命，紧跟时代的步伐，我们可以逐浪前进，
更有机会在革命的浪潮中获得梦寐以求的收益。

8.1 互联网理财产品的利与弊

　　随着互联网的不断发展，互联网金融也发展得如火如荼，各种理财产品
不断出现，比如"支付宝""余额宝""外汇喊单"等。这些产品到底有哪些
优点与缺点呢？很多人并不了解，下面就一起来看一看。

1. 余额宝

　　第三方支付平台支付宝向个人用户推出了一项余额增值服务的业务——
余额宝。余额宝 15 天之内用户规模就增长了 35%，在 2014 年 1 月 15 日之前，
资金规模已经超过 2500 亿元。

收益	（1）余额宝利息率很高，最高情况下利息率高达 6.46% （2）设计人性化，使用便捷。使用余额宝不仅可以获得高额利息，同时消费支出和转出不受任何时间限制。登录支付宝网站，你会发现有很多基金等理财产品，可以任意购买

（续）

风险	虽然余额宝的利率比银行高，但是并不比其他同种类型的产品高，并且余额宝现在的收益没有原来那样稳定

2. 理财通

腾讯集团看好互联网金融行业的发展前景，因此推出了理财通这项业务。理财通上线当天的 7 日年化收益率为 7.5%，比余额宝的 6.46% 高很多。进行公开测试的 13 天期间，理财通资金规模直线上升，高达百亿元。使用理财通需要安装微信 APP，再利用微信支付功能从基金公司申请购买。微信支付通要绑定银行卡，并且只能在手机上使用，这一点和支付宝是不同的。

收益	（1）收益率较高，余额宝收益率为 6.46%，而理财通为 7.5% （2）绑定银行卡以后，卡内金额只能进出，没有支付功能
风险	不能网页使用，不太方便

3. 盈利宝

交易家是一家为外汇、黄金投资者提供实时喊单服务的平台。交易家推出的业务盈利宝，集储蓄与理财的功能于一体，年收益为普通活期存款的数倍，每个自然日都可以结算，支持实时取现及转账。

收益	（1）有"资金归集"的独特功能 （2）资金只能同卡进出，安全性比较高
风险	（1）收益不算稳定，波动较大 （2）目前单日快取的额度只有 5 万元

8.2 余额宝的资金转入和收益状况

余额宝是由第三方支付平台支付宝开展的一项余额增值服务。用户可以在支付宝网站内直接购买基金等理财产品，获得比较高的收益。而且余额宝还有网上购物、支付宝转账等支付功能。资金一旦转入余额宝，基金公司就会在转入的第二天确认份额，确认完就开始计算收益。余额宝最大的优点就是不光可以获得高收益，还可以消费支付，非常便捷。

1. 余额宝的资金转入

余额宝的使用很简单，因为余额宝服务已经在支付宝网站中内置基金公司的基金直销系统。用户转入资金，其实也就是购买货币基金，余额宝内的资金就会被基金公司代为管理，所谓收益并不是利息，其实是购买基金获得的收益，一旦取出余额宝的钱，就是从基金公司提出基金。这个过程和支付宝使用过程一样轻松简单，下面给大家介绍一下操作流程。

（1）登录支付宝账户，进入"我的支付宝"——"转入"界面（图8-1）。

图 8-1　登录账户

（2）第一次转入需要确认个人信息，确认无误后单击"确认信息"（图8-2）。

图 8-2　确认信息

（3）填写转入金额，单击"下一步"（图8-3）。

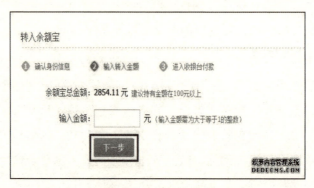

图 8-3　确认转入金额

（4）选择支付方式进行支付，比如支付宝账户余额或者是储蓄卡快捷支付（图8-4）。

图 8-4　确认支付

（5）转入以后，返回"账户管理"——"账户资产"中确认余额宝的余额。

2. 余额宝收益简介

资金转入余额宝后，第二天基金公司会确认份额，确认以后就会计算收益，收益的金额会直接算在余额宝内的资金里（15：00后转入的资金会推迟1个工作日确认。例如，周一15：00前转入余额宝的资金，周二的时候基金公司会确认份额，周三中午 12：00 前基金公司会将周二的收益发入用户的余额宝）。

基金公司在双休日和法定节假日期间不会进行份额确认。

计算收益公式：（余额宝资金 /10000 ）× 基金公司公布的每万份收益。

举例：

周一 15：00 前资金转进余额宝 500 元，周二基金公司公布的每万份收益是 1.1907，周三余额宝可以查询到周二的收益为：

（500 / 10000 ）× 1.1907 ≈ 0.05 元。

8.3 巧学微信理财通

现如今，微信已经成为了一种重要的沟通工具，微信中的理财通自然也普及起来，下面给大家介绍一下微信理财通的使用方法。

（1）登录微信，进入"我"的页面，找到"我的银行卡"，点击进入（图 8-5 ）。

图 8-5 登录微信

（2）进入以后就能看到理财通，然后点击进入（图 8-6 ）。

图 8-6 进入理财通

（3）点击"存入"（图 8-7）。

图 8-7 点击存入

（4）填入所需金额，点击"存入"（图 8-8）。

图 8-8　确认金额

（5）选择绑定银行卡，不能使用信用卡（图 8-9）。

图 8-9　选择银行卡

（6）然后输入支付密码，即银行卡密码（图 8-10）。

图 8-10　输入密码

（7）操作完成，完成后有提示（图 8-11）。

图 8-11　操作完成

（8）资金进入理财通就会在总资产中显示，但是收益不会显示(图 8-12)。

图 8-12　查看总资产

（9）几天以后，收益情况和收益率都会显示。

2014 年，腾讯财付通正式上线。财付通的收益率还是不错的，并且安全性方面也有保障。建议大家不要把鸡蛋放进一个篮子里，可以多尝试几种理财工具。

8.4 百度金融的综合金融服务

2014 年 4 月 24 日，百度宣布将"百度理财"改为"百度金融"，官方网址不变，依旧是 http：//8.baidu.com/。此次改版不仅名称更改，网站服务上也新增了"贷款"和"互动金融"两个频道。这些举动表示百度金融已经不是单纯的理财产品的发布平台，而是已经升级为金融服务的综合平台。这使它未来可以更好地连接金融机构和普通投资者，从而让受众群体更快捷、便利地接触到金融产品、金融服务和金融解决方案（图 8-13）。

图 8-13 百度金融

百度金融官方网页已全新改版。改版升级后的官方网页上分设三个频道，分别是"投资""贷款"和"互动金融"。

1. "投资"频道

该频道目前可以购买的服务是"百赚"和"百赚利滚利"，还留下了主要提供百度自有理财产品的"百度理财"服务。在此次升级更新中，"投资"频道新增加了"查看产品库"功能，广大用户可以使用该功能快速有效地查询到有关保险、基金、银行理财等方面的信息。必须要提到的是，金融行业中比较流行的基金、保险、银行等金融机构都在和百度金融合作，用户可以根据自己的实际情况和需求来选购理财产品（图 8-14）。

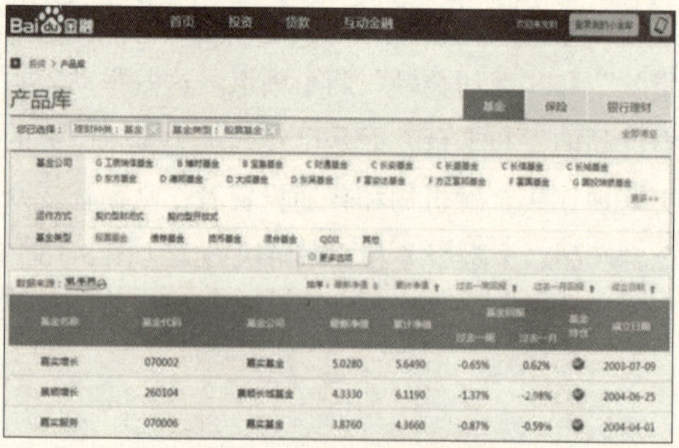

图 8-14 百度金融投资频道

2. "贷款" 频道

这个频道是一个主要对个人用户提供信用贷款的频道。百度金融的使用者登录账号之后，在页面的左上角可以看到一个快速申请贷款的入口，只需在那个入口输入你所贷款的金额、时间期限和手机号便可成功申请贷款。

百度金融的用户通过这个平台进行贷款需要五个步骤。

（1）提交您的贷款需求；

（2）与工作人员在电话上交流您的贷款需求；

（3）工作人员给您寻找合适的贷款经理；

（4）在线下，贷款经理为您提供服务；

（5）安心等待钱款到账。

从官方网站提供的消息中可以了解到，百度金融现如今已经与超过 60 家银行机构进行交流对接，用户在申请贷款后，最快用时 5 分钟就能得到相应的贷款服务。

3. "互动金融" 频道

与 "贷款" 频道一样，"互动金融" 频道也是百度金融新设立的频道。而与 "贷款" 频道不同的是，它是用户用来交流互动和信息服务传递的频道。此次升级，百度知道和百度金融沟通联系在了一起。官方网站上的 "提问框" 可以直接输入问题提问，有无数专业人士为用户答疑解惑，并提供有关金融理财的信息。从现有数据可以看出，理财专家在 2014 年已经帮将近 200 万网友解答了他们提出的问题。

很多做个体买卖的中小型商家都对这次百度金融的改革升级抱有很大期望。他们无法扩大自己的店面，最主要的原因之一就是资金不足。在百度金融改革之前，若是想贷款，必须要去银行好多次，还不一定能办成。现如今百度金融推出了贷款服务，使他们成功贷款的几率增加了很多，贷款步骤也少了，更加方便快捷了。

透过金融理财行业的表象不难看出，搜索技术、挖掘技术、大数据分析、跨产业协同能力、金融生态体系建设能力的比拼就是互联网金融行业竞争的本质。百度在这些方面都有能力凸显出自己的优势。百度公司以服务网民为本，将百度理财晋级成百度金融，这是把惠普金融落实到细节的真实尝试。由此能预料到，百度金融将来还会在小微贷款、个人理财、金融中间业务等方面，利用互联网的创新能力，更加认真细致地耕作，从而推进各个行业之间的团结交融，促进金融行业的革新发展。

8.5 认识 P2P 理财

1. P2P 理财的概念

Peer-to-peer 的缩写形式即为 P2P。Peer 的意思是"（才能、学识）相匹敌的人""同伴""同事"等。这样一来，P2P 也就可以理解为"伙伴对伙伴"的意思，或称为对等联网。P2P 直接将人们联系起来，让人们通过互联网直接交互。P2P 使得网络上的沟通变得更容易，能够直接共享和交互，真正地消除中间商，为企业与个人提供更大的方便。我国市场中有很多 P2P 理财公司，产品和收益率各不相同，为了保证投资者的钱财安全，一定要多去几家P2P 公司考察、调研，要选择那些有正规营业资格、产业规模较大、有诚信的公司办理理财业务。

经过分析，理财专家提出，传统的 P2P 模式已经晋级成为 P2C 模式。广大用户可以在 P2C 提供的平台上投资理财，同时帮助小型微型企业迅速、安全地进行融资。为了保证投资者投进去的钱财的安全，并且在最大程度上确保企业可以正常运行、拥有还贷款的能力，这就要求 P2C 依托战略合作的融资性担保公司，在贷款前对企业进行实地考察，比如考察企业资质、企业经营的流水线、财务资金报表和业务能力等，还要及时做好贷款后的监察，时常检查资金剩余和去向以及公司营运情况和业务实施情况等。

2. P2P 理财公司

P2P 理财是由 P2P 借贷演化来的。这是一种民间小额贷款模式，这种模式是把相当小额度的资金集合起来给需要资金的人提供借贷。而这同样是一种人群通过第三方即 P2P 公司向别的个人提供小金额的借贷的金融模式。在这个过程中，第三方需要收取少量服务费用。

据统计，我国 P2P 平台在这几年发展迅速。有 150 家成立在 2013 年，是总公司数的二分之一。而到了 2014 年 7 月时，P2P 平台数增长到了 1184 家，有将近 19 万的人在 P2P 行业中进行借贷，加上保险、银行、上市公司等固有的金融单位，总的投资者数量更是超过了 44 万人。可以预见，P2P 平台数目将在 2015 年继续增加。

3. P2P 理财的业务模式

这种业务模式分别为纯线上模式、债权转让模式和提供本金甚至利用利息作为担保的 P2P 模式。

（1）纯线上模式是纯正的 P2P，即纯粹信息的匹配。这种模式可以帮助资金借贷双方进行更合适的资金匹配，但同样也存在一个显著缺点，就是这种模式不会参与担保。

（2）债权转让模式是在债权放到平台上转让之前平台自身先进行放贷。这种模式的优点是可以让企业提高融资端的工作效率，缺点是出现资金池，令资金发挥不出真正的效益。

（3）提供本金甚至利用利息作为担保的 P2P 模式。这种模式实际上是间接接触资金的概念，也是现今金融市场的主要模式。联金通过互联网把金融机构或者准金融机构的信贷资产以 50 元的超低起投金额，用低门槛的方式出售给别人。这是联金所特有的 P2P 模式，其特点为零成本、准活期、保本息、高收益，这就可以让投资人无后顾之忧地享用信贷服务。

8.6 P2P 理财的注意事项

人们可以根据风险大小、收益高低、起步资金多少等因素对投资理财的渠道进行选择。选择 P2P 理财产品和 P2P 网贷同样需要注意这几个方面。

1. 选择 P2P 理财产品的注意事项

投资者在选择 P2P 理财产品时需要注意以下三点。

产品的风险控制	投资者在选择理财产品时一定要了解清楚一些非常关键的问题，比如我们选择的 P2P 理财产品平台是不是规范的，是不是有抵押，信息审核流程是不是整套的、完整严格的，工作团队是不是可以成熟控制风险的，所经手的每一笔债款是不是完全公开透明的，会不会在每个月有固定的一个时间把账单和债权列表寄给用户查看等
所选产品的平台实力	一般来说，平台越大，它的每一笔债券在让与给出借人之前会经过越严格的考察，这样就可以降低风险系数。同样的，衡量一家公司是否规范，公司的规模大小和实力强弱是很直观的方面
合同的规范性	在签合同购买商品之前，一定要认认真真、仔仔细细地把合同的每一个条款看清楚、看明白，弄懂所有字句的真实意思。一定要避免对合同里的一知半解时就凑凑合合把合同签了的情况，别等到将来出现危险才后悔莫及

2. 选择 P2P 网贷平台的注意事项

投资者在选择 P2P 网贷平台时需要注意以下四点。

资金的规模	投资者所能采用的投资理财项目种类是由资金规模大小决定的。资金规模大的投资者可以将资金分成不同数量的多个部分，分别投入多种理财产品，比如保险、股票、基金、P2P 理财、项目投资等，这种方式出现风险的概率就会小很多
自身理财经验	有理财经验的投资者进行 P2P 理财时能节省考察项目时用的时间和精力，这就使投资者做起投资来更加有自信，也更容易上手
投入理财的时间	当投资者进行投资时，无论先前有没有投资的经历，都要花费很多的时间和精力去弄清楚自己打算投资的项目领域，还要关注自己所投资的项目是否有收入或者支出，知道自己投资的项目进行到了什么程度等。所以，投资者要分析各个网贷平台的优势服务项目，尽量选择服务完善的平台，节约自己的理财时间
投资的周期	不同的理财项目有不同的投资期限。比如有些传统的投资理财项目就需要比较多的资金占用时间，而好的 P2P 网贷平台会推荐不同时间期限的项目供投资者选择

现在 P2P 投资理财越来越普遍。根据数据统计，在 P2P 投资中有正收益的投资人占总投资人的 94%，更是有 87% 的人收益超过了 18%。当然，也有些投资者在经历了部分 P2P 公司倒闭逃跑的事情。因此，投资者进行投资理财时一定要小心谨慎，在投资之前要结合各种风险因素对理财平台和产品进行多方面的考察。

8.7 了解互联网众筹理财

自 2010 年众筹模式进入中国后，"众筹"概念在国内迅速走红，不仅受到手中有余钱的投资者追捧，也获得互联网金融领域的青睐。京东、淘宝、苏宁等电商平台的"互联网金融系"，纷纷进军众筹领域，开始了新的一轮布局。

1. 互联网众筹理财的定义

"Crowdfunding"翻译成中文即为众筹。展开说就是网友以"团购 + 预购"的模式来筹集项目资金的大众筹资模式。它分为三个部分，分别为：缺少资金但是可以创造创新的发起人、有能力支持发起人并且对筹资者的回报和事迹有兴趣的支持者、建立发起人和支持者之间联系的互联网终端。为了获得众人的支持帮助，然后得到资金支援，个人或者小型企业会将自己的创意通过互联网和 SNS 展现给大众看。

相对于传统的融资方式，众筹更为开放，能否获得资金也不再是由项目的商业价值作为唯一标准。只要是网友喜欢的项目，都可以通过众筹方式获得项目启动的第一笔资金，为更多小本经营或创作的人提供了无限的可能。所以，众筹具有多样性、低门槛、注重创新、依靠草根群众等特点。

打个比方，你现在创造了一个中国版的《来自星星的你》，你将它放在众筹网站上之后得到了网友的关注和喜欢。想要保证拍摄电视剧的过程正常进行就要得到制作电视剧所需要的资金，也就是说需要在一定的时限里筹集到规定好的众筹资金的目标额度。

毫无疑问，众筹降低了普罗大众投资的门槛，带动了草根创富的时代。众筹模式的本质是消除了传统融资的中间环节，对于提高融资效率和降低交易成本作用明显，而股权众筹对于促进初创企业的发展意义非常，既能够帮助解决需求方普遍存在的融资难题，又能满足供给方支持初创企业发展、分享初创企业的成长收益。

但必须注意的是，众筹模式并没有改变投资的风险。比如股权众筹，在中国发展的两三年，最大的争议就是与非法集资的区别。众筹属于公开向不特定人群公开募集资金，很容易涉嫌非法集资。股权众筹也存在着触碰法律风险、专业性不够、信息披露不规范、缺乏征信体系等问题。

2. 互联网众筹理财兴起的原因

众筹这种形式正适合现如今国内经济转型的大趋势，这就是为何众筹在今年开始得到大众的关注。现如今，市场上需要的主要是音乐、影视、工业产品设计、科技、食品、游戏、摄影、漫画、出版等非主流产业；个性化、创意化、差异化、精细化也逐渐成为国人所需求的东西。值得一提的还有把互联网思维应用嫁接在传统产业上的模式，在现在也非常流行。在市场需求如此高的情况下，互联网众筹能起到很大作用是没有任何疑问的。通过互联网的传播作用，它可以令许多看起来很普通的小点子、小研发、小创意、小设计发生变化，并以此来吸引国内外对此有兴趣并愿意赞助的人的关注。这种方法可以使这些变化真正贯彻下来，从而把这些没有资金却会创造的人的创业梦想变成现实。

互联网众筹作为一个新兴事物，相较于现今已经热火朝天的互联网金融来说，它进入状态可能不够迅速。不过，互联网众筹依旧值得人们期待，因为在未来它可能会给人们的生活带来很大的改变。

以京东商城为例。他们采用互联网理财模式开展了新年众筹航班活动。参加这个活动后，消费者花费9元钱就有机会获得从北京飞往上海的头等舱机票；目的地为成都和重庆而得不到机票的参与者，也可以得到20元的京东购物券。在这个活动中，消费者是怎么都不会赔钱的。京东和国航合作的这次活动上线之后，互联网众筹模式继电影、房产之后首次进入航空领域。

8.8 怎样选择众筹项目

投资者在选择众筹项目时应注意以下几点。

1. 是卖方市场还是买方市场

买方市场是指供大于求，项目多但是投资者少。这样的市场会使项目方承受不断被压低价格的局面，这种不利地位使得项目方融资变得很困难。相反的，如果是卖方市场，投资者就会展开竞争，在这样的市场情况下，卖方就会比较有利。

2. 用户流量或数量

作为许多众筹项目的重要看点，它会从统计的数据中反映出最真实的情况。而这种有多少用户有多少钱、有多少流量就多少价的实际情况在数据中体现得最为明显，投资者也比较容易进行多个项目的对比。同时可以供投资者查看的还有现金流，尤其是流量变现之后的收益。用户对于一个项目来说也是至关重要的，无论哪种类别的项目都需要用户的支持。滴滴打车融资很高的原因是它的用户多，用户基数也大。这就表明如果一个项目想在投资者眼中有较大的价值，得到较高的融资额度，就需要提高自身对用户的吸引力。

3. 行业

不同的行业有着不同的估值。在相同的情形下，高新技术行业肯定比传统行业的估值要高，互联网企业要比一般的生产型企业估值高。造成这种状况的原因是不一样的行业有着不一样的故事，用户流量和受众群体也不同。总的来说，让人有想象空间的行业，相比而言会有更高的估值。

4. 市场竞争

由二八定律可知，在激烈的市场竞争中，前百分之二十的人有权利去讨价还价，百分之八十的市场由他们控制。更别说还有马太效应：凡有的，还要加给他多余的；没有的，连他现有的也要夺过来。

5. 管理和经营团队

项目的成功与否和整个团队中的人有很大关系，包括创始人和核心层人员，这就是投资项目的核心所在。如果没有好的团队，那么再简单的项目也很可能会做不好，而一个优秀的团队可以让项目变得优秀。

6. 潜力

将来收益高的项目就是所谓的"潜力股"，也就是未来较多现金流折现的潜力众筹项目。现金流折现就和 DCF（Discounted Cash Flow）模型相似。

7. 专利和知识产权

科学技术是第一生产力，能给项目带来价值的有知识产权和科技专利等。比如专利，抛开项目不谈，单其本身在市场上也是能卖得上价钱的。

第9章

手机理财——移动互联网时代的理财新方式

几乎人手一部的智能手机改变了大众生活的方方面面，人们的交流方式、学习方式乃至理财方式都在发生翻天覆地的变化。手机给我们理财带来最大的好处就是"便捷"，我们可以利用一切零碎的时间，便捷迅速地进行理财；可以下载各种理财软件，便捷地获得理财方面的信息；我们还可以利用手机下载相应的理财模拟软件，训练自己的实际操作能力。只需小小一部手机，理财就可以玩转于指尖之上。

9.1 手机银行的账户管理

1. 手机银行账户管理的定义

为了方便人们在网上消费，手机银行账户管理开通了。它的功能包括当日明细查询、历史明细查询、余额查询、注册卡维护、挂失账户、银行户口服务、默认账户设置等。为了操作方便，可以使用默认账户功能将多个账户和注册卡中最常用的一个认定为默认用户。想要自主添加或者删除手机银行（WAP）注册卡 / 账户，就可以使用注册卡维护功能。

2. 民生银行手机银行账户管理

下面，我们以民生银行手机银行为例，介绍一下如何进行手机银行账户管理。

（1）民生银行手机银行的服务功能

① 民生手机银行有以下基本服务功能：查询明细、查询余额、本行转账、跨行汇款、理财投资、储蓄服务、贷款服务、信用卡等。

其中，投资理财有以下服务功能：理财服务、基金服务、银证服务、贵金属延期、钱生钱等；信用卡有以下服务功能：账单查询、信用卡还款、信用卡查询、账单分期、自由分期、信用卡积分查询、信用卡转出等；

② 民生手机银行有以下特色服务功能：大额转账、跨行账户管理、跨行资金归集、汇款转账实时到账、二维码收付款、回单验证、手机号转账、手机号跨行转账、理财超市、手机专属理财、网点 & 排号、结算全免费等。

③ 民生手机银行有以下公共服务功能：网点排号、网点查询、民生缴费、话费充值、二维码收款、基金超市、理财超市、游戏点卡、最新影讯、航空机票、资费标准、安全提示、金融助手、手机证券、公益捐款、民生资讯、民生客服、用户之声等。

（2）民生银行手机银行账户的添加和删除

我们只要依据指引去操作，就可以很简单、便捷地在手机银行中添加账户。而如何删除已经存在的账户却不被人所熟知，接下来就来介绍怎么删除已经存在的账户。

① 到任何一个 APP 应用市场搜索即可下载"民生银行手机银行"。

② 将软件安装好之后，登录民生银行手机银行。

③ 登录成功后，点击"我的账户"按钮，然后找到"账户管理"，点击进入。

④ 找到你想修改的账户，点击"删除账户"。除了可以删除账户，这个页面上还可以进行"修改密码""修改别名""账户挂失"等操作。

9.2 手机银行的安全保障

随着移动通信技术的迅速发展，手机银行逐渐成为新兴的电子银行业务。快捷、便利是它的突出特点，可以随时随地为使用者提供服务，因此得到了众多用户的支持。

可是，如果不采取完善的安全防护措施，那么用户在通过移动通信网络享受手机银行服务时，不法分子就会趁虚而入，攻击那些手机银行服务中的脆弱环节，给用户造成不可挽回的损失。

下面给出几条建议，以保障用户的账户和网上交易安全。

1. 保护好个人信息，做好系统设置

（1）严密保管个人信息，如手机号码、开机密码、用户身份识别卡（SIM 卡或 UIM 卡）等，特别是银行卡密码，包括交易密码和查询密码，这是用户登录手机银行，进行有关金融业务交易的重要凭证。

（2）把交易密码和查询密码设置为不同的密码，增加破解的难度。

（3）用户可以通过个人网银（数字证书、动态密码版）来设置手机银行单日转账支付交易限额（最高不超过 50000 元人民币）。如果用户在将来一段时间内不打算支付或者对外转账，为了在更大程度上保护资金安全，最好设置金额比较小的"单日转账支付限额"。

（4）开通及时语短信通知服务，方便我们及时查看账户资金变动情况，这样也可以提升手机银行支付交易和对外转账的安全系数。

2. 提高警惕，谨防诈骗

（1）警惕网络钓鱼和虚假的 WAP 网址。

发送短信或彩信、建立不真实的 WAP 网站等是不法分子引诱用户把卡号、密码等输入他们提前设置好的虚假 WAP 网址中所常用的欺骗手段。一旦用户上当，他们就可以窃取用户的重要敏感信息。所以，一定要辨别好 WAP 网址的真假，看是不是官方公布的合法网址。为了防止被骗，用户最好不要任意点击出现在网页上的看似真实的手机银行网址，尽量直接输入官方网址进行访问。用户也可以在手机上设置自己常用的手机银行网址为书签，方便随时访问。

（2）看清短信特服号码。

不一样的语音或短信服务号码代表着不同的手机银行。比方说，95528 就是浦发银行的特服号码。无论是公司用户账户资金变动还是个人账户资金

变动，浦发银行都会通过这个号码（移动、联通手机也有）发送信息。收到涉及资金的短信，用户一定要严格核实号码，以免给那些利用银行的名义进行诈骗的不良分子可乘之机。用户一定要在进行支付、对外转账等关键交易的时候，注意查看银行发送的及时语短信中的交易金额、收款账号是不是符合本人的实际操作。

（3）保护好敏感机密的个人信息。

无论别人以什么样的借口要这些私密信息，都不要相信。因为银行工作人员是不会询问用户各类密码的。

9.3 用手机银行高效办理业务

1. 手机银行业务种类

手机银行可以提供的服务主要有以下几种。

（1）手机跨行转账

这种服务可以使手机银行的用户便捷地转账给全国领域内的别的商业银行的个人账户。收款网点名称的关键字查询、免费短信通知收款方和历史收款账户保存等这些辅助功能更方便了用户的使用。

（2）手机之间的转账

手机到手机转账完全打破了传统的转账方式。无需银行账号，只需手机号码，同城或者异地的转账就可以轻而易举地完成。

（3）手机基金投资

用户可以利用该功能快速查找到自己的存款余额、交易记录、成交、委托、对账、持仓等信息，还可以完成基金的申购、认购、赎回、转换、撤单、修改分红方式等业务。

（4）充值手机 Q 币

用户可以通过手机银行为 QQ 号进行 Q 币充值。

（5）查询手机来账

利用该功能，用户可以查看到包括转账时间、付款人账号、姓名、转账金额在内的各个手机银行账户转入钱款的信息。

2.手机银行办理业务的优势

（1）不用排队。

手机银行可以帮助消费者解决银行排队难的问题。比如想在中行缴费，只需要有一部具有上网功能的手机和一张中行卡，然后开通手机银行服务就可以了。再想要缴纳公用事业费的时候，就无需再去银行排队，只需以下几个步骤即可完成：用手机进入"代缴费页面"，输入账单条形码和缴费金额，最后点击确认缴费，既方便又快捷。

（2）确保及时交易。

时间在变化迅速的股票、外汇市场上与金钱等价。当我们无法及时上网时，只需用手机银行，消耗几分钟就可以完成交易操作：首先，用手机查询所要购买的股票或外汇行情；然后，挂单委托交易；最后，使用手机银行的委托查询功能确认交易是否完成。

（3）全天候服务短信操控账户。

手机用户之间最常用的交流方式就是发短信。手机银行同样可以"发短信"。这里的"短信"是指账户信息，包括汇款是不是及时到账、发了多少工资、是否成功还款等。这些"短信"都会主动及时地发到消费者的手机上。

比方说中国工商银行，各种型号、厂商的手机都可以使用其手机银行服务。想要获得工商银行 7×24 小时全天候的包括转账、汇款资金瞬间到账等各种服务，只需要编辑发送指定短信就行。工商银行手机银行在电子商务快速发展的潮流下，还为用户提供了网上消费实时支付的服务。

（4）全程加密保障安全。

手机银行私密性强、安全性高，不容易受到黑客攻击，相比网上银行保障系数更高。

中国建设银行采用了手机与卡的绑定机制、数字签名机制和通信专线连接机制，手机端到银行端全程加密，保证用户资金和交易的安全。

也许有人会烦恼手机丢了怎么办。实际上，使用者在手机银行中看到的信息不会留在手机里，会在退出后立即删除。所以不需要担心丢手机的情况，虽然会有人捡到手机，但是他不知道账号密码，同样进不了手机银行。

9.4 手机炒股的独特优势

手机炒股是最新一代的无线应用炒股系统，凭借移动通信网的数据传输功能，它能够轻易实现信息查询等功能。有了手机炒股系统，一部普普通通的手机，也能摇身变成综合性的股票处理终端，让人们随时随地进行股票交易。

以前股票交易往往通过电话委托或网上操作进行，前者常常出现"堵单"，后者则经常遇到网络中断的窘况，而手机炒股则避免了这些问题的产生。手机下单快速并且不"堵单"、线路通畅而且不容易中断，比传统交易方式胜出许多。比起柜台办理、电话委托、互联网操作这三种传统交易方式，手机以其方便、快捷的优势受到越来越多股民的喜爱。随着智能手机技术的发展，现在有许多手机还内置了移动证券等功能，让手机操作变得更加人性化，也使得手机炒股不断朝着专业与便捷的方向迈进。

1. 手机炒股的优势

突破时空限制，更加便捷，注重隐私，这是手机炒股区别于传统炒股方式的独特优势。只要手机有信号，便可以随时随地查看股市行情、进行股票交易。

（1）手机炒股操作简洁明了

同传统交易方式相比，手机炒股的操作更加简洁，全部内容都可以通过手机菜单显示出来，股民们只需要根据对应的菜单提示，按照步骤即可轻轻松松地完成各项操作。

（2）线路畅通无阻，交易快速便捷

以大智慧手机版炒股软件为例，它借助中国移动的短信服务系统，比起当下通用的 WAP 数据传输还要稳定迅速，股票行情刷新速度间隔不超过五秒，让股票交易得以及时、便捷地进行。

不管你在哪里，只要手机能够接收到信号，便可以随时通过软件查看股市行情、个别股票概况、进行股票交易。如果股民出差或在外旅游，也可以通过手机轻松下单，随心所欲地进行股票交易，不用再到处奔波找电脑下单了。

（3）手机炒股更实惠

比起传统的电话委托交易，手机炒股耗资较少。股民只需要开通移动数据流量包月服务，即可实现随时随地交易。

2. 手机炒股的注意事项

（1）安全问题。

手机炒股也存在不少问题，首当其冲便是安全隐患。用户在进行手机炒股时，务必注意以下几点：第一，要用心甄别服务提供商是否正规、有资质；第二，在使用手机的过程中也要注意安全，虽说手机私密性比电脑高，但万一手机失窃或遇到其他突发状况，账号信息仍然有可能泄露，因此每次使用完请记得退出账号；第三，要预防手机中病毒；第四，不要随意开启手机蓝牙功能，开启后也要记得及时关闭。

（2）流量问题。

除了安全问题，在使用手机炒股的过程中，也应注意手机流量问题。如果没有申请流量套餐，移动数据提供商（比如中国移动或中国联通）将会收取相关费用，稍不留意，手机炒股的流量花费将很惊人。因此，股民们在使用手机炒股的时候，切记开通流量套餐。另外，股民们切勿选择太多自选股，不然页面刷新速度会变得很缓慢，而且需要耗费许多流量。在不需要使用手机查看股票行情时，记得及时退出，以免造成无谓损失。

9.5 用手机炒股软件进行理财投资

在出差、开会、逛街、出游或网络拥堵时，用手机软件理财无疑是最优选择。手机理财的快捷便利，让它受到了众多投资者的青睐。绝大多数手机理财软件是免费的，使用起来毫无成本，有了这些软件，用户就可以随时随地查看市场行情、进行理财操作，多么快捷方便！下面，向大家分享一些用手机软件理财投资的基础知识。

1. 普通手机的上网炒股

众多门户网站（比如新浪、搜狐等）、券商自身的官方网站，都提供实时股票行情查询服务。用户使用手机时，可以进入上述网站，然后设置自己的自选股，此时需要用户使用手机注册（注册并不收费，各类包月服务也需要两次以上的确认才会开通，股民们可以放心）。接着，用户需要设置自选股的刷新频率，可设置为每10秒、15秒、30秒刷新，也可以选择自己手动刷新，不同网站有自己的间隔时间。

大型券商都提供移动端交易服务，在他们的官网上即可进行交易。

2. 常见手机炒股软件

目前，市面上手机炒股软件非常多，下面为大家介绍常见的几种。用户在选择前，一定要认真阅读相关声明和约定，弄清其功能、原理和相应风险，以免让自己蒙受不必要的损失。

国信"金太阳"手机炒股系统
这款软件使用无需付费，而具备完善、强大的功能。它支持港股，且可以随意浏览分时线、K线、行情等，浏览速度也非常快。而且这款软件还支持全天候账户查询功能。同时，这款软件由国信自身开发，用户数据无需通过第三方，安全性更有保障。用户只需要注册即可免费使用，而且注册方式非常简单。

投资通
这是国内首款免费手机炒股软件。不过由于它的开发者是软件公司，需要向交易所购买股票行情数据，所以现在可能要改变免费模式，向用户收费。

同花顺
该软件是中国移动的合作伙伴，中国各省市的移动证券都在使用它。同花顺软件支持逾 80 家券商的交易系统，收费标准为 25 元行情 5 元交易。不过目前同花顺正推出优惠活动，部分地方甚至还在免费试用期。正式收费后，该软件还赠送一定量的手机流量，比较划算。

大智慧
使用该软件无需付费，但只支持一个券商，局限性较大。

GG 财神爷
这款软件的免费版开通了港股功能，但不支持港股的分时和 K 线，暂不确定其港股信息是否延时。

　　各大券商都有自身开放或委托开放的手机软件，可支持免费浏览行情，允许用户进行交易。类似海通同花顺和国信金太阳这两款软件，还内置了专业的股票研究结果、股票评级等信息。国信证券的软件还附带基金投资建议，甚至还能够查询开放式或封闭式的基金净值，给基金投资者带来了许多便利。有了这样的软件，就可以随时随地进行投资，无需再奔波往返于银行与证券公司了。

9.6 理财资讯类手机软件

　　互联网金融日益发达，手机理财资讯类软件也随之不断涌现。快捷、方便、灵活，这是理财资讯类手机软件的主要特征，它们凭借这些独特的优势赢得了许多投资者的喜爱。那么，使用理财资讯类手机软件有哪些好处？纷繁复杂的各类软件又有什么功能上的区别呢？接下来，我们将为大家分享一些具有代表性的理财资讯类手机软件。

1. 第三方支付类——余额宝

优点	支付宝是中国最大的第三方支付平台，余额宝便是它推出的理财服务。时下大多数支付服务都可以使用支付宝，可以说它在一定程度上取代了现金的作用。此外，支付宝可以关联部分信用良好的银行，搭配多重密码，很好地保障了安全性。余额宝可以从支付宝直接转入，使用便利，余额宝里的钱也可以用于日常购物、还信用卡等，同时余额宝理财不设下限、额度较高，能够给用户不错的理财收益
缺点	作为当下使用人数最多的第三方支付平台，应该说支付宝及余额宝的安全性都值得信赖。但是支付宝终究不是金融机构，余额宝的收益也只是用户资金托管产生的利息。余额宝的利息要高于银行存款，但仍无法同传统的固定收益类理财产品相媲美

2. 个人记账类——Monny

优点	Monny 是一款广受欢迎的记账类理财软件，提供各类报表、图表、支出收入排行榜等功能，还附带游学、度假、出游等多类型针对性账本。Monny 的界面直观，是一款实用性很强的理财规划账本类工具。此外，Monny 还有理财小游戏、个人理财纪念币、个人档案等独特功能，能够很好地鼓励用户理财
缺点	目前，Monny 的功能仅限于记账，而这只是最初级的理财，还需要其他理财软件的配合

3. 微投资类——云赚

优点	通过下载应用、点击广告、玩游戏、签到等方式，用户可以获得数额不等的"云币"，这些"云币"可以用来兑换 Q 币、为支付宝和手机话费充值等。云赚充分利用了云计算技术和云调度协同技术，让工作任务提交与分布式劳动力的协同得以实现，是一个公益性质的平台。云赚的原理很简单：甲需要完成某项工作，通过云赚平台找到乙，通过平台的全程监测及薪酬计算体系，乙在完成甲布置的工作后，就得到了来自甲的报酬
缺点	目前，云赚的侧重点仍然是"赚钱"，而不是"理财"，在理财领域涉及较少。作为一款理财软件，云赚没有明显优势

4.股票资讯类——股吧

优点	股吧交流平台内嵌于软件之中，让股民们可以互相交流炒股心得；内置财经资讯平台，让股民朋友随时掌握行情动态、新闻资讯，还可以进行委托交易和股吧互动。如果股民将该软件同券商交易类软件相绑定，便可以直接在软件上交易。相比起传统的券商渠道手机交易系统，这样的 APP 无疑更加便利，拥有的功能更多样化
缺点	软件关注的范围有限，主要关注基金及股票这些证券市场上的投资品种，涉猎的领域较为狭窄

上面介绍了不少主流理财软件，想必大家也注意到了，尽管当下手机理财软件种类多样，但每一个软件涉猎的领域都比较有限，无法做到全面理财。可以说，目前尚未存在一款软件，能够完美地做到"高收益、高安全性、高覆盖面、高速度、高便利性"。因此，仅仅依靠理财软件就想实现全面理财是不切实际的。理财是一个注重积累的长期过程，理财意识的培养、理财知识的掌握都需要时间。当然，除了自己主动学习、积累理财知识外，大家也要多向专业人士"取经"。

9.7 善用手机记账软件

要想理财，就要首先知道自己拥有的财产的具体情况，并对其进行良好的规划。这一步就用到了之前提到的记账软件。记账软件是一种管理软件，其核心为账户财务，目的是盈利增值，方法是统计分析，手段是资金流动。随手记、财智8，这两个是目前人们最常见也最常用的记账软件。其中，随手记具备预算、理财规划、账户管理、收支记账、统计分析等多种理财方面的功能，可以让人们管理财务更方便快捷，所以它很早就出现在了 iPhone 的 APP 商店里。下面，为大家详细介绍一下这两款软件。

1.金蝶出品：随手记

随手记主界面有"记一笔"的功能，点击这个按钮就可以进入记账界面。在记账界面中，用户可以选择收入、支出、借贷、转账等进行查看。用户如果想以后快速方便地记录各种财务信息，就可以自己创立、编辑记账信息模板。用户同样可以在随手记上查看收入、支出、资产、月度这四种财务报表，还可以选择查看很多小类别的报表。随手记支持饼状图和条形图的显示，这就让人们可以很直观地了解到自己的财务信息。为了避免信息的丢失，随手记推出了多种方式为用户进行数据备份，例如本地备份、Excel表导出、财务数据云端同步、网络新浪和金山微盘备份等。

随手记有以下几个优点：记账理财功能完善，财务报表简易直观，拥有获得专业UI设计的旋转饼图报表，界面别致美观，用户体验感好，支持多种数据备份恢复方式等。而对于财务人员来说，随手记具备的把财务信息导出到Excel文件的功能非常方便。

随手记不是让你单纯地记账，它辅助你设置预算，控制消费，在购物时能够控制住自己的消费冲动，从而达到不乱花钱的目的。同时，随手记可以手机记账、在线理财、上随手记网站，你可以更方便地去发现自己的财务漏洞。

2. 电脑理财软件：财智8

财智8被称为第一理财品牌软件，其操作简便、容易上手、功能完善。财智8为用户提供了一份全新的理财体验，在软件易用性、趣味性和功能性等方面都做了改进。

财智8的优势有以下几点。

（1）能管理多种类型投资。财智8支持几乎所有的投资业务类型，如股票，基金，债券，融资融券，期货，逆回购，P2P网贷，贵金属，美股，港股，外汇，古玩等。

（2）用户口碑好。随时跟踪金融投资品种变化和用户使用反馈，每月快速迭代升级更新，服务迅捷持续。

（3）能提供财务诊断。家庭财务投资是资产负债的各种组合和配置，财务诊断能够在大量的数据中进行分析和判断，帮助用户了解家庭财务健康状况，发现可能存在的健康隐患，为投资决策提供重要的参考指标。

（4）能提供长期财务规划。家庭财务投资的目的是实现各种财务目标，不同财务目标对期限，收益率和风险有不同的要求，财智 8 的财务规划功能帮助用户根据财务目标调整投资组合，寻找最优投资组合比例。

我们的钱都花在什么地方了？为什么每个月 2000 元的薪水没有存款，涨到 5000 元一个月同样没有存款？这些都是"月光族"最关心的问题。为了得到这些问题的答案，使用理财记账软件是个不错的选择。手机记账软件可以记录用户一段时间内的消费情况，在这段时间过去之后，使用手机记账软件可以查看其中的消费情况。满意的话可以继续保持，不满意的话就可以从手机记账软件中查找到一些超出预算的消费记录，督促自己在以后避免这个方面的支出。这样既可以令我们养成良好的消费习惯，又可以节省开支。

9.8 防范手机病毒，保障理财安全

智能手机的推广和手机理财软件的火热，让手机成为了"理财小助手"，投资者可以通过手机炒股、买卖基金、管理网银、信用卡还款、购买理财产品等。毫无疑问，这种便捷的移动理财方式深受用户喜爱。但是，手机理财的安全机制远未完善，手机银行密码保护不周密、信用体系不完善、手机病毒的侵害、不法分子设置商业陷阱等，都在影响手机理财的安全性。所以，防范手机病毒、确保理财安全是一件刻不容缓的事。

1. 为手机装上安全报警器

当下，中国移动开通了"敏感操作，即时提醒"服务，旨在保障用户手机里的个人信息不被泄露。对此，中国移动的工作人员表示："开通服务后，只要用户的敏感信息，比如通话记录、使用位置等被查询，中国移动将向用户发送提醒或确认短信，用来切实地保障用户的个人信息安全。这些敏感操作提醒短信，可以让手机用户在第一时间得知具体情况，从而做出判断，避免了用户隐私泄露的隐患，为个人信息安全保驾护航。"

2. 要保证下载信息源的可靠

下载及传输信息、图片、铃声等功能，当下的大多数手机都具备。一些

病毒编写者正是利用了其中的漏洞，当用户访问一些可疑站点或无意下载一些东西时，手机病毒便悄悄进入了用户的手机之中，并通过用户的行为进一步地传播扩散。用户在使用手机上网功能或下载东西时，应该访问正规站点，切勿点击来历不明的可疑链接，勿安装来自可疑网站的应用程序。此外，使用 SD、MMC 等闪存卡时，或使用蓝牙与其他手机交换数据时，要分外谨慎，还要经常对手机进行杀毒，防止感染手机病毒。

3. 及时预警手机病毒

对于广大的投资者而言，各类软件提供的理财服务让理财变得更加便捷和轻松。而手机病毒的出现，则为手机理财蒙上了一层阴影。从去年开始，中国移动率先推出"手机病毒，预警查杀"的服务方针，逐步增强对手机的侦测，对于已经发现的各类手机病毒，及时通过媒体快速地发布预警通知，让广大用户免于遭受恶意病毒的攻击，为用户提供了坚实的保障。

中国移动充分利用自己的运营商网络优势，它建立的移动互联网恶意程序监测系统及恶意程序多维度侦测系统，已经覆盖全国的许多省份。有了这些监测系统，中国移动就能较为全面、及时、准确地察觉到通过移动互联网传播的病毒。

很多专家也提供了一些防范手机病毒的方法，各位手机理财用户务必谨记。

（1）当手机接收到来自陌生号码的信息或链接时，请勿打开。

（2）拒绝下载各类来历可疑的软件。

（3）通过 SD 卡、T-Flash 等内存卡交换数据时，记得查杀手机病毒，预防感染。

（4）为了防止手机自动接收病毒，请隐藏或关闭手机的蓝牙功能，切勿查看通过蓝牙发送的可疑文件或安装程序。

（5）为了防止手机感染病毒后数据丢失，记得定期备份手机内的通讯录及其他重要信息。

（6）关注最新的手机流氓软件及手机病毒信息，给手机安装合适的杀毒软件，平时使用手机时也要记得经常查杀病毒。